Travail et changements technologiques

Jacques Barthélémy et Gilbert Cette

Travail et changements technologiques

De la civilisation de l'usine à celle du numérique

Préface de Thierry Pech

Odile Jacob

15, rue Soufflot, 75005 Paris

www.odilejacob.fr

ISBN : 978-2-4150-0036-3

Préface de Thierry Pech
Directeur général du think tank Terra Nova

C'est un fructueux compagnonnage que poursuivent ici Jacques Barthélémy et Gilbert Cette. À travers eux, ce sont l'économie et le droit qui cheminent de conserve à la recherche des solutions les plus profitables à tous. Un mariage tout à la fois théorique et pratique car leurs travaux tiennent les deux bouts : celui de la doctrine et celui des politiques publiques ; celui de l'architecte et celui de l'ingénieur.

De livre en livre, les auteurs suivent un fil qui assure la cohérence de leurs travaux successifs. Celui-ci tresse ensemble trois idées fondamentales. La première est que la tension entre la protection des travailleurs et l'intérêt économique de l'entreprise mène à une impasse si elle conduit à séparer le souci du salarié de celui de l'activité à laquelle il prend part. Le droit du travail est d'essence protectrice et doit le rester : il a vocation à corriger la dissymétrie des parties au contrat de travail. Mais que signifie protéger ? Dans un contexte de chômage structurel élevé – dont notre pays fait hélas l'expérience sans discontinuer depuis bientôt deux générations –, l'intérêt des travailleurs est aussi de trouver un emploi de qualité et de rester dans l'emploi. Dans ce sens, un droit qui serait indifférent aux conditions de l'efficacité économique pourrait *in fine* se retourner contre leur intérêt. Les auteurs font le pari que prendre en compte les conditions de la performance économique dans la construction des normes, ce n'est pas protéger moins, mais plus et mieux.

La deuxième idée découle en partie de la première : parce qu'il ne faut pas séparer ces deux registres d'intérêt, l'enjeu est de travailler à les concilier de la meilleure manière. Comment ? La conviction partagée par le juriste et l'économiste est que cette conciliation doit s'opérer aussi souvent que possible au niveau de la collectivité de travail, par la négociation entre les intéressés eux-mêmes. Car ce sont eux qui connaissent le mieux le contexte particulier de leur activité et qu'ils ne sauraient être traités comme des incapables majeurs. Bien sûr, l'ordre public social et la défense des droits humains fondamentaux doivent être assurés par la loi, et l'ordre public professionnel par les conventions de branche. Mais, pour le reste, le contrat collectif au niveau de l'entreprise doit primer, le cas échéant en dérogeant aux autres niveaux de normes, et rendre à la collectivité de travail le plein exercice de son autonomie et de sa responsabilité.

La troisième idée réside dans leur conception du droit lui-même. Pour rendre possible le progrès économique et social, il ne suffit pas de faire des gloses pieuses sur les lois d'hier, celles qui sont nées de la « civilisation de l'usine » : cette attitude ne peut conduire qu'à des contorsions scolastiques et technocratiques qui nuisent à l'intelligibilité et à l'efficacité des normes et risquent de les rendre de moins en moins inclusives. Jacques Barthélémy et Gilbert Cette privilégient au contraire une approche organisationnelle et créative du droit social : la norme n'y est jamais une fin en soi, mais un moyen, voire une technique, au service d'une finalité. On peut voir là une forme de positivisme sociologique : c'est parce que les formes et organisations du travail changent, parce que les technologies et les aspirations évoluent qu'il faut réviser les normes qui régissent les interactions humaines dans le respect des droits fondamentaux. Ce n'est pas aux nouvelles formes de travail de s'adapter à un droit du travail conçu dans une société antérieure, mais au droit du travail de s'amender pour accomplir pleinement sa fonction protectrice. Ainsi envisagé, le droit redevient une matière vivante, non technocratique, en prise directe avec les mouvements et les besoins du monde.

Telle est la philosophie de Jacques Barthélémy et de Gilbert Cette. Une philosophie en rupture avec la tradition française du légicentrisme jacobin qui a réussi l'exploit de produire un corpus législatif obèse, tatillon et en définitive piètrement protecteur tout en laissant prospérer un vaste et confus maquis de branches professionnelles et en infantilisant des partenaires sociaux souvent réduits à un rôle auxiliaire. Des polémistes professionnels, arc-boutés sur la défense de l'ordre historique et alliés objectifs d'une forme de conservatisme, ont vu dans cette philosophie la main du néolibéralisme alors même qu'elle accorde beaucoup plus de place aux partenaires sociaux et aux représentants des salariés, et que, dans le nord de l'Europe, on l'aurait probablement qualifiée plus simplement de progressiste ou de social-démocrate.

De cette philosophie générale, les auteurs ont tiré de multiples conclusions. En 2016, dans un rapport réalisé pour le think tank Terra Nova et publié sous le titre *Réformer le droit du travail*, ils retournaient aux sources conceptuelles du droit du travail pour ouvrir le chemin à un plus large exercice du contrat collectif. Ces analyses ont depuis inspiré les initiateurs de la « loi Travail », puis des fameuses « ordonnances Travail » entrées en vigueur en 2017. Au-delà des polémiques – parfois violentes – et des débats – souvent légitimes – qu'elles ont suscités, elles se sont efforcées de faire vivre dans nos relations sociales une faculté trop longtemps méprisée : la capacité du collectif de travail à décider pour lui-même, à chercher et trouver des solutions à ses difficultés.

Les auteurs poursuivent dans le présent essai leur inspiration sans craindre de secouer de nouveaux tabous. Ils appellent ainsi à un approfondissement des efforts entrepris ces dernières années pour parachever le mouvement amorcé à partir du milieu des années 2010 : mieux définir les domaines dans lesquels l'accord collectif peut affecter le contrat de travail, renforcer le rôle de l'institution unique des représentants du personnel (notamment en en faisant sortir l'employeur), améliorer la prévention et le règlement des litiges, s'autoriser à sortir de certaines conventions de l'OIT après avoir réintégré leurs éléments dans le droit français de manière à leur donner une plus juste place dans la hiérarchie des normes et à ne pas brider inutilement la négociation collective, mieux définir la branche professionnelle et « l'ordre public professionnel »...

Ils déduisent aussi de leurs principes – et c'est plus nouveau – une réforme ambitieuse de la participation des salariés au capital de leur entreprise. Aujourd'hui, à peine 38 % des salariés du secteur privé (hors agriculture) peuvent profiter de ce régime. La démocratie sociale autant que l'amélioration des relations sociales dans l'entreprise commandent, selon Jacques Barthélémy et Gilbert Cette, une généralisation de cette pratique, c'est-à-dire un vaste effort de démocratisation de la participation. De sorte que les travailleurs puissent être réellement associés demain aux bénéfices de l'activité auxquels ils apportent quotidiennement leur concours et non seulement aux épreuves des moments de crise.

Cependant, l'histoire poursuit sa course et charrie de nouvelles questions. Il ne s'agit pas ici seulement de mettre la dernière main à une œuvre encore incomplète, mais de se confronter à de nouveaux défis. La pandémie de la Covid-19 et ses divers épisodes de confinement et de restrictions partout en Europe en ont rappelé les termes en poussant à une extension inédite du télétravail ou en sollicitant comme jamais l'économie numérique et ses cohortes de travailleurs indépendants.

Le droit et les protections réglementaires sont aujourd'hui appelés sur le terrain de l'emploi indépendant où se multiplient, à la faveur des évolutions technologiques et des mutations de la consommation, des situations de travail très fortement subordonnées sur le plan économique. Si elles ne sont pas destinées à devenir la norme générale – les auteurs tordent le cou en passant à la peur d'une cannibalisation du salariat par le travail « ubérisé » –, elles soulèvent toutefois de graves difficultés : contrairement aux salariés, les professionnels indépendants n'ont pas de rémunération minimale, ne profitent pas des protections ordinaires concernant les conditions de travail (durées du travail maximales, droit au repos...), peuvent être remerciés du jour au lendemain sans aucune justification et doivent porter les risques financiers liés, par exemple, à leur outil de travail.

Selon les auteurs, ces transformations exigent de mettre sur pied un « droit de l'activité professionnelle ». Le droit positif du travail a été conçu en fonction des modes hiérarchiques d'organisation du travail et de l'entreprise. Il doit désormais se déployer au-delà de manière à protéger convenablement celles et ceux qui ne s'inscrivent pas dans ces formes hiérarchiques et à englober l'ensemble des travailleurs dans un continuum de droits. Pour cela, il ne peut plus se construire exclusivement autour du principe de subordination juridique : il doit intégrer le principe de parasubordination ou subordination économique. D'une manière générale, il doit protéger les intéressés à proportion de leur autonomie économique réelle (est-il normal qu'un cadre supérieur ultradiplômé bénéficie des mêmes protections qu'un ouvrier peu qualifié et qu'à côté un livreur d'Uber Eats n'ait quasiment aucun droit ?).

L'expérience massive du télétravail durant la pandémie est l'autre expérience décisive de ces deux dernières années ; une expérience qui aurait été impossible sans la large diffusion des technologies numériques. Nul doute qu'elle laissera des traces durables, même s'il est encore impossible de dire dans quelle mesure (environ 4 emplois sur 10 seraient « télétravaillables » et sans doute plus encore si l'on raisonnait par tâche et non par métier). De nombreux salariés y ont trouvé des conditions de travail différentes et parfois meilleures, une plus grande liberté dans l'accomplissement de leurs missions, des relations de confiance avec leurs managers, les entreprises, des marges de flexibilité et des perspectives de réduction des coûts immobiliers… Mais le télétravail réinterroge dans le même temps les formes concrètes de la subordination, en particulier la mesure de son temps de travail, et implique plusieurs ajustements et précautions réglementaires.

Aucun de ces nouveaux défis n'invalide la priorité accordée par les auteurs à la qualité du dialogue social à chaque niveau de négociation pourvu qu'y soient respectés les principes d'équilibre des pouvoirs, de loyauté et de bonne foi et que vive la conscience que le droit à la négociation est un instrument au service de l'intérêt général. En outre, ces nouveaux défis illustrent parfaitement la conviction qui anime les pages qui suivent : que le droit se laisse saisir par les mutations du monde afin de réaliser sa mission protectrice.

Ce livre suscitera probablement de vifs débats car les propositions qu'il porte sont parfois ambitieuses et tranchées et appellent légitimement la discussion, mais si l'on veut en réfuter les analyses, il faudra se hisser à la hauteur de sa construction et de sa vision d'ensemble et non se contenter d'une critique « par appartement ». C'est de ce type de débats dont notre démocratie a aujourd'hui besoin.

Avant-propos

Si la fonction génétique du droit du travail et plus largement du droit social est la protection du travailleur, cette finalité doit prendre pleinement en compte la question de l'efficacité économique. Des dispositions qui abaisseraient l'efficacité économique et se traduiraient par des pertes d'emplois et une augmentation du chômage seraient un échec au regard de cette fonction protectrice. De même, des dispositions élevant l'efficacité économique aux dépens des protections des travailleurs ne constitueraient pas à ce titre une évolution positive et souhaitable. L'objet du présent ouvrage est de formuler des propositions de transformations du droit social visant à concilier au mieux la protection du travailleur et l'efficacité économique.

Cet ouvrage est dans le prolongement de celui réalisé par les mêmes auteurs et publié en janvier 2017 avec comme titre *Travailler au XXIe siècle. L'ubérisation de l'économie ?* aux éditions Odile Jacob. Depuis ce précédent ouvrage, de multiples changements de grande importance ont bouleversé la situation et ont appelé sa complète reprise. Citons quatre de ces bouleversements, parmi les plus importants. Tout d'abord, le droit du travail réglementaire a été totalement transformé par les ordonnances Travail de septembre 2017 et la loi Pénicaud de mars 2018, qui ont transcrit dans le droit positif des changements dans la ligne de ceux que nous préconisions. La hiérarchie des différents niveaux d'élaboration des normes du droit social a été profondément modifiée, conférant une place plus importante au dialogue social et à l'autonomie très affirmée désormais de l'accord collectif à l'égard tant des dispositions légales et réglementaires que du tissu conventionnel d'un niveau supérieur (essentiellement de branche à l'égard de l'accord d'entreprise). Ensuite, les évolutions technologiques se sont prolongées et la numérisation de l'économie s'est accrue, avec des impacts forts sur le monde du travail. Ainsi, dans les domaines que nous abordions dans le précédent ouvrage, et par exemple les protections des travailleurs des plateformes, des évolutions réglementaires se sont produites et d'autres sont en cours afin de modifier les protections dont les travailleurs concernés bénéficient. Enfin, la crise de la Covid-19 a frappé toutes les économies et accéléré certaines mutations technologiques ainsi que la numérisation de l'activité, l'explosion du recours au télétravail en étant une forte illustration. Ces bouleversements rapides et forts ont rendu caduques certaines de nos précédentes analyses et en nécessitent de nouvelles. Le présent ouvrage répond à ce besoin. Il ne constitue donc pas une actualisation du précédent, mais il en est une réécriture complète.

Cet ouvrage vise à trouver une diffusion la plus large possible *via* une sensibilisation massive à son contenu, afin de faciliter l'évolution des comportements et des stratégies. Cela appelle une rédaction volontairement accessible au plus grand nombre.

Ce choix se traduit par la volonté d'éviter toute démonstration trop savante au plan des sciences économiques et juridiques au risque, mesuré mais assumé, d'une moins grande rigueur dans certains développements. Les articles et références mentionnés tout au long de l'ouvrage fournissant des compléments plus exigeants et spécialisés que les développements ici proposés.

Un dernier point nous paraît utile à souligner dans cet avant-propos. Des deux auteurs de l'ouvrage, l'un est économiste, l'autre juriste. La conjugaison des compétences et des expertises permet d'accroître la valeur ajoutée née des constats et des besoins. C'est la conjugaison des deux dimensions, l'économie et le juridique, qui constitue véritablement la voie du progrès économique et social. D'où l'intérêt d'associer dans une réflexion commune les deux regards.

Introduction

La négociation collective renforce le caractère vivant du droit du travail. Elle peut permettre au droit du travail d'accompagner les transformations portées par la troisième révolution technologique. Ce n'est pas à cette révolution de s'adapter à un droit du travail figé dans des normes réglementaires homogènes. C'est au droit du travail de s'adapter aux mutations technologiques par des normes conventionnelles continûment renouvelées et permettant de concilier au mieux l'efficacité économique et la protection des travailleurs. Cet ouvrage propose des mutations qui permettront de donner vie au droit du travail pour qu'il remplisse pleinement ce rôle. Et ces mutations faciliteront les transformations des comportements sans lesquelles les textes restent vains.

Les grandes révolutions technologiques ont toujours simultanément transformé les modes de vie et de travail. Cela fut par exemple le cas de la première grande révolution technologique portée par de fortes innovations comme la machine à vapeur aux XVIIIe et XIXe siècles et de la deuxième révolution technologique portée par des innovations comme l'usage croissant de l'énergie électrique ou du moteur à explosion. Il en est de même pour la troisième révolution technologique amorcée à la fin du XXe siècle et en cours, portée par plusieurs vagues d'innovations comme celles concernant les technologies de l'information et de la communication (les TIC) puis l'économie numérique[1].

Le constat

Les craintes de destructions massives d'emplois ont été fortes lors de chacune de ces révolutions technologiques, ainsi que l'ont montré Mokyr *et al.* (2015[2]). Cette crainte est très présente dans la troisième révolution en cours, comme en témoignent par exemple les propositions parfois avancées de taxer les robots qui menaceraient l'emploi ! Elle semble pourtant paradoxale quand on se donne l'effort d'observer attentivement les évolutions passées et celles en cours.

Tout d'abord, sur le passé, les révolutions technologiques ont effectivement détruit beaucoup d'emplois par les gains de productivité qu'elles ont induits mais la dynamisation de

1. Sur les révolutions technologiques, voir Antonin Bergeaud, Gilbert Cette et Rémy Lecat (2018) : *Le Bel Avenir de la croissance*, Odile Jacob, et Philippe Aghion, Céline Antonin et Simon Bunel (2020) : *Le Pouvoir de la destruction créatrice*, Odile Jacob.
2. Comme rappelé dans notre précédent ouvrage (Barthélémy et Cette, 2017, *op. cit.*), la lutte contre les machines qui détruiraient des emplois est parfois nommée le « luddisme » et maintenant le « néoluddisme ». Cette appellation a été proposée par l'historien britannique Edward P. Thompson au sujet du conflit violent des années 1811-1812 ayant opposé au Royaume-Uni dans le secteur du textile des artisans à des employeurs qui recourraient de plus en plus à des machines économisant des travailleurs.

la croissance qu'elles ont simultanément provoquée a permis la création d'un nombre d'emplois aussi fort, voire supérieur. Plus exactement, les révolutions technologiques ont permis le financement de l'amélioration du niveau de vie moyen des populations par deux modalités différentes.

Tout d'abord une augmentation du pouvoir d'achat moyen, donc du niveau de vie économique. Ensuite une baisse de la durée du travail et donc une augmentation des temps de loisir. Ces aspects, largement analysés dans Bergeaud *et al.* (2018, *op. cit.*), ne sont pas ici plus longuement développés. Mais il faut souligner qu'en 2019, juste avant la crise de la Covid-19, la très grande majorité des pays avancés étaient au plein emploi, beaucoup connaissant même de fortes tensions sur le marché du travail. Les évolutions technologiques ne semblaient donc pas provoquer une augmentation du chômage. Mais le débat est en France largement biaisé par une situation de chômage massif structurel. Fin 2019, seuls 4 pays parmi les 36 pays de l'OCDE connaissaient un taux de chômage supérieur à celui observé en France[1]. Ce constat amène à penser que ce ne sont pas les évolutions technologiques, qui concernent tous les pays avancés, qui peuvent expliquer la situation de chômage massif structurel de notre pays, mais d'autres facteurs. Parmi ces derniers, l'inadaptation des institutions et régulations des marchés des biens et du travail ainsi qu'une performance insuffisante de l'intervention de l'État jouent sans aucun doute un rôle important. La thèse d'une demande insuffisante du fait de dépenses publiques trop faibles ne peut être considérée comme sérieuse : la France est avec le Danemark le pays de l'OCDE où cette dépense publique (exprimée en pourcentage

1. Ces quatre pays sont l'Espagne, la Grèce, l'Italie et la Turquie.

du PIB) est la plus élevée, et l'un des pays où le déficit public (exprimé en pourcentage du PIB) est également le plus élevé en moyenne sur les deux dernières décennies.

Par ailleurs, les gains de productivité sont actuellement les plus faibles observés en temps de paix sur très longue période, comme le montre le tableau 1 ci-après. Ce constat est parfois appelé « l'énigme de la productivité » (le *productivity puzzle*). Des gains de productivité importants induits par la troisième révolution technologique en cours, et visible de tous, ne paraissent pas menacer l'emploi ! Certains s'en étonnent, mais ici encore, l'observation des révolutions technologiques précédentes montre qu'un tel décalage entre l'émergence d'une révolution technologique et l'accélération de la productivité qu'elle induit peut être important, facilement de l'ordre de plusieurs décennies. Sur l'analyse approfondie de ces décalages, nous renvoyons à nouveau à Bergeaud *et al.* (2018, *op. cit.*) et à Aghion *et al.* (2020, *op. cit*). Il faut d'ailleurs espérer que l'accélération de la productivité induite par la troisième révolution technologique en cours sera prochaine et très forte, car les défis devant nous et qui vont appeler un financement important sont très lourds. Citons pour illustrer ce point le financement de la transition climatique, du vieillissement de la population, du désendettement public, la dette ayant d'ailleurs largement augmenté dans le contexte de la crise de la Covid-19. Et signalons aussi, dans un pays comme le nôtre, les attentes de gains de pouvoir d'achat qui se sont fortement manifestées lors du mouvement des Gilets jaunes fin 2018 et en 2019. Si des gains de productivité importants ne se produisaient pas rapidement, il y aurait d'ailleurs à craindre des risques d'instabilité de nos institutions économiques et sociales, mais aussi, dans un pays comme la France, des institutions politiques.

Tableau 1. Taux de croissance moyen de la productivité horaire du travail
Sur différentes sous-périodes - Ensemble de l'économie - 1890-2019 - En %

	États-Unis	Zone euro	Japon	Royaume-Uni	Canada	Allemagne	France	Italie
1890-1913	1,57	1,72	2,32	0,78	2,30	1,87	1,84	1,54
1913-1950	3,09	1,26	1,79	1,35	2,17	0,20	1,79	2,56
1950-1975	2,33	5,42	7,13	3,29	2,94	5,78	5,35	6,00
1975-1995	1,30	2,69	3,22	2,67	1,12	2,91	2,70	2,66
1995-2005	2,40	1,21	1,91	2,19	1,50	1,71	1,87	0,51
2005-2019	1,08	0,68	0,80	0,45	0,85	0,63	0,66	0,02

Source : Bergeaud, Cette et Lecat (2016[1]) - Cf. : www.longtermproductivity.com

Les gains de productivité importants associés à la troisième révolution technologique des TIC et du numérique, et qui permettront le financement des réponses aux grands défis auxquels nous faisons face, sont encore devant nous. Mais comme pour les précédentes révolutions technologiques, des institutions adaptées sont indispensables pour les optimiser. Les pays dont les institutions ne seront pas adaptées connaîtront un déclassement comparé aux autres pays. Nous n'abordons pas dans cet ouvrage les institutions à adapter pour un plein bénéfice en termes de gains de productivité potentiels. Mais sur le marché du travail, des gains de productivité importants aboutiront à de fortes destructions et créations brutes d'emplois. Il faudra donc gérer ce que Sauvy (1980[2]) appelait des « déversements »

1. Antonin Bergeaud, Gilbert Cette et Rémy Lecat (2016) : « Productivity Trends in Advanced Countries between 1980 and 2012 », *The Review of Income and Wealth*, vol. 62, n° 3, septembre, p. 420-444.
2. Alfred Sauvy (1980) : *La Machine et le Chômage*, Dunod. Alfred Sauvy illustre les « déversements » par la situation des porteurs d'eau, très nombreux à Paris au tout début du XXe siècle (il évoque le chiffre de 20 000), dont les emplois ont été détruits par l'installation de canalisations : des emplois

d'emplois de certaines activités et qualifications vers d'autres. Il ne s'agit pas ici seulement du besoin d'une réelle agilité des systèmes de formation professionnelle et même de formation initiale. C'est plus globalement tout le fonctionnement du marché du travail qui doit se montrer réactif et agile… Et ce besoin peut être très proche : la crise de la Covid-19 a accéléré la numérisation de nos économies, comme en témoigne l'explosion du télétravail. Le besoin d'une bonne adaptation de nos institutions devient donc urgent. Le droit du travail doit ici se montrer vivant et non figé, il doit être continûment adapté aux chocs, en particulier technologiques, que nous traversons. Il serait sinon un facteur d'appauvrissement…

Le droit du travail est protecteur ou il n'est pas puisqu'il puise sa raison d'être dans le caractère déséquilibré de la relation entre le chef d'entreprise et le travailleur. Cela étant, si la protection qu'il offre aux travailleurs dégrade l'équilibre macroéconomique et augmente le chômage structurel, cette fonction est dévoyée. Or, du fait de leur homogénéité sur l'ensemble des activités économiques, les normes légales du travail ne permettent pas nécessairement de trouver le meilleur équilibre entre les deux objectifs que sont l'efficacité économique (vectrice d'emploi) et la protection des travailleurs. Une logique de *civil law* peut être ici moins protectrice et efficace qu'une logique de *common law*.

Le graphique 1 ci-après montre la relation entre l'emprise des normes réglementaires sur le marché du travail et le taux de chômage en 2019 parmi les pays de l'OCDE. Une relation positive apparaît nettement, plus forte pour les jeunes de

---

ont été créés dans d'autres activités et personne ne regrette la disparition du métier de porteur d'eau.

15 à 24 ans que pour l'ensemble de la population âgée de 15 à 64 ans. Une corrélation statistique ne signifie pas nécessairement une relation causale, mais il ressort de cette articulation que plus les normes réglementaires protectrices de l'emploi sont fortes, et plus le taux de chômage l'est également. Au demeurant, des normes réglementaires fortes ne sont pas nécessairement très protectrices. Et au sein des pays de l'OCDE, la France se situe parmi ceux qui connaissent à la fois des normes réglementaires fortes et un taux de chômage élevé.

Graphique 1. Emprise des normes réglementaires sur le marché du travail (axe horizontal) et taux de chômage harmonisé en % (axe vertical) en 2019, au sein des pays de l'OCDE
Chaque observation correspond à la situation moyenne d'un pays.

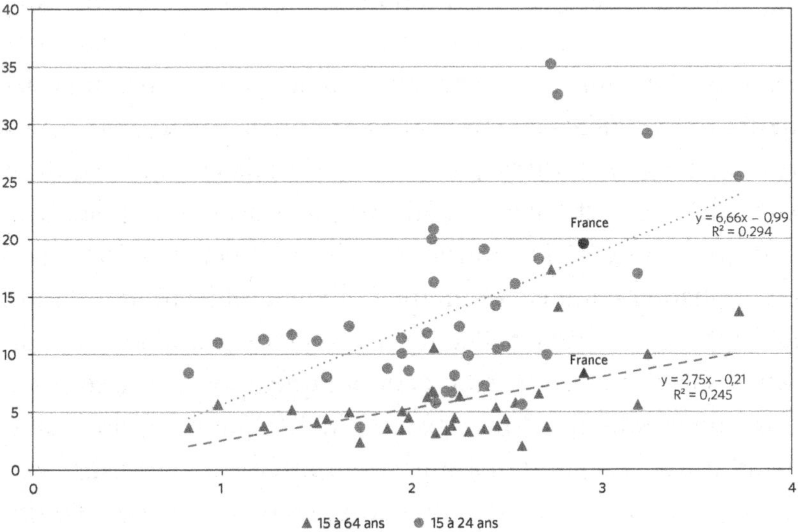

Source des données : OCDE.

Lecture : L'emprise des normes réglementaires sur le marché du travail est la moyenne des indicateurs de normes réglementaires protectrices de l'emploi construits par l'OCDE pour les travailleurs en CDI et pour les travailleurs précaires.

Les normes construites par la négociation collective et formalisées par l'accord collectif entre partenaires sociaux peuvent permettre d'élever à la fois l'efficacité économique (garantie par la signature de l'accord collectif par le chef d'entreprise) et la protection des travailleurs (garantie par la signature de l'accord collectif par les représentants légitimes des travailleurs). Le renforcement du rôle des conventions d'entreprise par rapport à celui des conventions de branche permet à ces compromis d'être élaborés au plus près des réalités économiques et sociales, donc aux normes ainsi conçues d'être en harmonie avec le contexte dans lequel elles vont prospérer. Il convient de souligner que si la relation déséquilibrée entre l'employeur et le salarié exige une protection de ce dernier, celle-ci peut être confiée soit entièrement à la loi, au règlement, soit pour une partie significative au tissu conventionnel, à condition qu'il puisse réellement faire la loi des parties, ce à quoi contribuent des exigences majeures relatives à l'équilibre des pouvoirs entre les parties, au comportement loyal des négociateurs, aux moyens de favoriser l'exécution de bonne foi des textes signés. Les mérites de la source de droit particulière qu'est l'accord collectif (la convention collective), c'est que d'un côté les normes en résultant peuvent être adaptées à chaque contexte et même à chaque objectif, d'un autre côté que le « contrat collectif » est vecteur d'amélioration du climat social qui est un ratio économique. Conférer une place plus importante au tissu conventionnel (autonome, donc non encadré par la règle de l'avantage le plus favorable) exige, par contre, que soient précisément cernés les domaines de « l'ordre public », des « droits fondamentaux » que, par défaut, le tissu conventionnel ne peut ignorer.

Les évolutions du droit du travail sur les dernières décennies ont progressivement élargi le rôle normatif des conventions de branche et d'entreprise, ce mouvement ayant été fortement accéléré par les ordonnances Travail de septembre 2017 puis la loi Pénicaud de mars 2018. Cette évolution a consacré le rôle essentiel de la négociation collective, en particulier au niveau de l'entreprise, pour élaborer des normes conventionnelles vis-à-vis desquelles les normes légales sont, dans certaines limites, supplétives. Elle accorde une place grandissante à la négociation collective pour l'édification des normes sociales. Mais elle reste pourtant inachevée et nécessite des approfondissements. Le non-aboutissement de cet objectif expose notre pays à continuer de pâtir de graves difficultés pour se diriger vers une situation de plein emploi dont l'importance, pour que soient effectifs les progrès économiques et sociaux, est perçue par la très grande majorité de nos concitoyens. Il rend le droit du travail inadapté au plein bénéfice de la troisième révolution technologique en cours, et dont la diffusion a été accélérée par le contexte de la Covid-19. Il apparaît donc utile sinon indispensable de finaliser le processus de réformes aboutissant à renforcer le rôle de la négociation collective et à donner une place déterminante aux normes conventionnelles. D'autant que la crise ouverte par la Covid-19 confère une nouvelle opportunité d'accorder aux partenaires sociaux davantage de latitude dans la recherche des bons compromis entre protection et efficacité économique.

Ainsi, beaucoup a été fait, mais beaucoup reste encore à faire en ce domaine du droit du travail. Et le contexte très particulier de la crise de la Covid-19 incite à renforcer ce mouvement dans de nouvelles directions, afin de toujours mieux concilier l'efficacité économique et la protection de l'actif. Plus fondamentalement, les nouvelles technologies – spécialement le numérique et l'intelligence artificielle – permettent d'écarter les systèmes hiérarchiques d'organisation du travail au profit d'une plus grande individualisation des rapports de travail, vectrice de plus de libertés pour le travailleur, mais aussi d'efficacité économique, tout cela étant bénéfique à l'emploi. En atteste le développement spectaculaire et sans doute en grande partie définitif du télétravail dans les périodes de confinement décidées dans le contexte de la Covid-19.

Les propositions

Cet ouvrage est composé de quatre parties.

La première partie est consacrée à la participation des salariés. En contribuant à développer une communauté d'intérêt entre l'entreprise et ses travailleurs, une participation rénovée peut renforcer un dialogue social constructif favorisant la conciliation entre protection des travailleurs et efficacité économique. C'est pour cette raison qu'il nous paraît indispensable de positionner cette proposition au début de l'ouvrage, les propositions des chapitres suivants visant à élargir l'équilibre et l'espace décisionnel du dialogue social.

La deuxième partie évoque les modalités par lesquelles les fortes avancées portées par les ordonnances Travail de septembre 2017 et la loi Pénicaud de mars 2018 pourraient être finalisées. Ces changements permettraient de renforcer encore le rôle de la négociation collective dans l'édification de normes conciliant au mieux la protection des travailleurs et l'efficacité économique. Ils rendraient le droit du travail apte à absorber au mieux les transformations associées à la troisième révolution technologique. Rendre ainsi le droit du travail plus vivant revient à le rendre plus protecteur et porteur de progrès social.

Les deux autres parties s'intéressent à des mutations du travail portées par la troisième révolution technologique. Il n'est pas envisageable d'analyser toutes les dimensions des mutations associées à cette troisième révolution en cours. Nous nous concentrons sur ce qui concerne deux nouvelles formes de travail déjà très visibles dont l'émergence et le développement accompagnent les transformations technologiques.

La troisième partie s'intéresse au développement de plateformes numériques facilitant la mise en contact entre particuliers pour des échanges de services. Les évolutions liées à l'émergence d'une économie collaborative et illustrées par Airbnb dans l'échange ou la location de logements ou par BlaBlaCar dans le transport, pour ne prendre que ces deux exemples, ne seront pas l'objet de notre analyse, même si leur développement influe sur les modes de vie, les évolutions économiques et l'organisation fiscale[1]. Nous nous intéressons ici de façon plus ciblée aux transformations actuelles associées aux plateformes numériques qui aboutissent à l'émergence de travailleurs fortement subordonnés sur le plan économique et qui ne bénéficient pourtant pas de la protection offerte par la subordination juridique prenant la forme d'un contrat de travail. Cette émergence est essentiellement observée dans les deux activités que sont le transport urbain *via* les VTC et la livraison à domicile. Depuis notre précédent ouvrage

1. Des propositions visant à accompagner le développement de l'économie collaborative ont ainsi été avancées par le rapport de Pascal Terrasse (2016) : *L'Économie collaborative*, rapport remis au Premier ministre, février. D'autres propositions sur l'adaptation de la fiscalité visant aussi à accompagner le développement de l'économie collaborative ont par exemple été avancées par Benoît Thieulin (2015) : *Ambition numérique : pour une politique française et européenne de la transition numérique*, rapport remis au Premier ministre, juin.

(Barthélémy et Cette, 2017, *op. cit.*), de fortes évolutions ont été observées et sont en cours concernant ces activités et la protection des travailleurs concernés. Il convient à nos yeux de bien caractériser les évolutions du droit du travail, portées par la négociation collective, qui permettront de renforcer la protection des travailleurs indépendants fortement subordonnés sur le plan économique sans menacer ces activités dont le développement renforce la croissance et l'emploi. Il ne s'agit ici rien de moins que de faire émerger, par la négociation collective, un droit de l'activité professionnelle qui protège l'ensemble des travailleurs et pas seulement les salariés.

La quatrième partie porte sur le télétravail. Cette forme de travail était encore anecdotique avant la crise de la Covid-19, mais a connu depuis, et en particulier durant les périodes de confinement, un développement spectaculaire dans tous les pays avancés. Le télétravail demeurera une forme de travail très utilisée après la crise de la Covid-19. Ce développement concrétise une accélération de la numérisation de nos économies qui peut être porteuse à la fois d'une plus grande efficacité économique et d'une amélioration du niveau de vie des travailleurs, notamment *via* une meilleure conciliation entre vie personnelle et vie professionnelle. Mais il appelle des transformations du droit du travail visant à l'accompagner tout en évitant un appauvrissement des protections des travailleurs. Évoquons pour illustrer ce point deux aspects spécifiques. Tout d'abord, celui de la mesure du temps de travail effectif, qui ne peut plus être pour le télétravailleur à domicile le temps durant lequel il est au service de son employeur « sans pouvoir vaquer à des occupations personnelles ». La notion même de temps de travail effectif doit être ainsi adaptée dans ce nouveau contexte. Ensuite, celui des inégalités entre travailleurs face au télétravail. Même dans le contexte d'un développement massif de celui-ci, certains postes doivent continuer à être occupés dans les locaux de l'entreprise. Une ligne de fracture peut ainsi apparaître entre les télétravailleurs et les autres travailleurs. Sur ces deux questions, comme sur les autres concernant le télétravail, la négociation collective doit jouer un rôle majeur pour élaborer les nouvelles normes qui permettront d'accompagner les mutations technologiques afin que leur diffusion s'accompagne de gains dans l'efficacité économique sans appauvrissement de la protection des travailleurs.

PARTIE 1

Rénover la participation pour renforcer la qualité des relations sociales

Le dépassement des modes traditionnels d'organisation du monde économique, conséquence de l'émergence de l'économie numérique et de l'intelligence artificielle, ne peut qu'inviter à une réflexion de fond sur l'identité de l'entreprise, donc sur la nature des relations entre détenteurs du capital (de la société) et le personnel. Pour être plus précis, l'intérêt de l'entreprise ne se résume pas à celui des actionnaires. La collectivité de travail est d'autant plus concernée que les modes hiérarchiques d'organisation du travail céderont de plus en plus la place à des modes d'organisation modulaires rendant davantage possible le respect des libertés individuelles de travail tout en créant les conditions, grâce à un plus grand dynamisme et à de nouvelles formes de flexibilité, d'une meilleure efficacité économique. De ce fait, l'entreprise prend une place plus importante dans l'organisation, y compris au plan théorique, de la vie économique et sociale. Les évolutions législatives et réglementaires accroissent l'autonomie du tissu conventionnel, contribuant à la concrétisation de cette philosophie nouvelle, très fortement recommandée par le rapport de Notat et Senard (2018[1]). Une rénovation ambitieuse du

1. Nicole Notat et Jean-Dominique Senard (2018) : *L'Entreprise, objet d'intérêt collectif*, rapport remis au gouvernement le 9 mars.

dispositif de la participation peut contribuer à cette évolution et, au-delà, à l'amélioration des relations sociales en France.

En contribuant à développer une communauté d'intérêt entre l'entreprise et ses travailleurs, une participation rénovée peut renforcer un dialogue social constructif favorisant, au niveau des entreprises et des branches, l'élaboration de normes conciliant au mieux la protection des travailleurs et l'efficacité économique. Cela *via* deux caractéristiques. D'une part, la participation est un dividende du travail symétrique au dividende du capital, et son ampleur dépend de la réussite économique de l'entreprise. D'autre part, elle peut être un moyen de favoriser l'actionnariat salarié et la présence de représentants des salariés au conseil d'administration de l'entreprise, ce qui permet d'associer plus fortement les travailleurs aux choix stratégiques de cette dernière. Ce qui précède rend indispensable de revisiter en tout début de cet ouvrage le droit (et la pratique) de la participation, factrice de démocratie sociale, mais aussi le fonctionnement de ce qui s'y rapporte.

L'entreprise, qu'est-ce que c'est ?

Il devient indispensable (vital même pour la démocratie sociale) de mettre un terme à l'assimilation réductrice et erronée de l'entreprise à la personne morale (éventuellement physique) ayant la qualité d'employeur. Il ne s'agit pas là de considérations purement abstraites et théoriques, notamment du fait que si les intérêts des détenteurs du capital et ceux du personnel sont distincts et donc doivent être conciliés pour réduire leur opposition, la collectivité de travail contribue à identifier l'entreprise en complément avec celle des détenteurs du capital. Au demeurant, l'intérêt de l'entreprise n'a de signification concrète qu'à partir de ce constat. La jurisprudence en a très tôt tiré la conséquence que le caractère souverain du pouvoir de direction a comme limite de fond l'intérêt de l'entreprise qui ne saurait donc se limiter à celui des détenteurs du capital (*cf.* à ce sujet Nicole Catala, 1980[1]).

Dès lors, tout ce qui est de nature à renforcer, y compris au plan juridique, la collectivité de travail est une exigence au nom de l'intérêt général. Va dans ce sens la création d'une institution unique de représentativité du personnel, d'autant qu'elle est dotée de la personnalité civile. Va dans le même sens le fait qu'on lui permette, sous condition, de négocier le « statut » du personnel. La conjonction de cette attribution avec celles anciennes de consultation, de vœux et d'avis au plan économique et des conditions de travail la transforme peu à peu en un « conseil d'administration » de la collectivité de travail et pourrait (peut-être) justifier que celle-ci soit une personne morale. Dans cette perspective est aberrant le maintien de la présidence de cette institution par l'employeur, encore plus si celle-ci dispose du pouvoir de négociation, ce qui de fait le conduit à négocier un contrat avec lui-même. Il faut d'autant plus l'extraire du comité social et économique (CSE) que la raison de sa présidence du comité d'entreprise à l'origine se trouvait dans les attributions de cette institution dans le domaine des activités sociales pour lesquelles le CSE dispose d'un « pouvoir ouvrier intégré », c'est-à-dire de décision, mais aussi d'un patrimoine. Non seulement, dans cette perspective, la distinction entre 50 salariés plus ou moins doit être totalement effacée et pas

1. Nicole Catala (1980) : *L'Entreprise*, Dalloz.

uniquement réduite comme décidé en 2019 par la loi Pacte, mais encore le seuil de 11 a-t-il encore un intérêt, voire plus fondamentalement une réelle pertinence ?

Au-delà des considérations techniques relatives aux modalités de fonctionnement et aux attributions de l'institution représentative du personnel, qui ne doivent pas être appréhendées pour elles-mêmes mais au regard de leur rôle dans la solidification du concept d'entreprise à partir mais au-delà de la société (spécialement de capitaux), c'est de démocratie sociale dont il s'agit et on est là alors sur le terrain des droits fondamentaux. En Mai 68, le slogan suivant était utilisé par des grévistes : « Ils [c'est-à-dire les employeurs] cassent nos [c'est-à-dire celles des salariés] entreprises. » Cela mérite réflexion, notamment sur le terrain sociologique. D'où l'importance de définir l'entreprise, certes à partir de la collectivité des détenteurs du capital, mais en y ajoutant celle du personnel et même plus largement des « travailleurs intéressés » qui peuvent être des « non-non », travailleurs indépendants mais aussi anciens comme retraités ou invalides.

Optimiser le droit de la participation

Au vu des considérations ci-dessus à finalité tant philosophique que juridique, est fondamentale la réflexion ci-après visant à réformer le droit de la participation. Cet instrument permet à l'entreprise de devenir une institution alors que l'intégration de la collectivité de travail dans le concept d'entreprise permet d'introduire de la démocratie sociale dans l'organisation d'une société dont l'activité première est le fonctionnement de la collectivité des détenteurs du capital. C'est donc bien de démocratie (sociale) dont il s'agit.

La première conséquence de ce qui précède, c'est l'exigence de généralisation de la participation à toutes les entreprises et celle – peut-être encore plus importante – de bien prendre en considération que le concept ne se limite pas à la participation financière qui, quoi qu'il en soit, ne doit pas être vécue comme un élément de rémunération différée, mais comme un « dividende de l'apport en industrie » pour partie relative à l'organisation de la démocratie sociale. Le texte de l'accord de participation relatif à la vie démocratique de l'entreprise est dès lors tout aussi important que celui relatif à l'identification de la participation financière. Au demeurant, les deux sont interdépendants, ne serait-ce qu'en raison de la formule de la réserve spéciale de participation (RSP[1]). Dans cette formule, sont fondamentaux :

- l'assiette sur le bénéfice net, c'est-à-dire après paiement des charges qui exclut en soi la qualification d'élément de rémunération ;
- le rapport salaire sur valeur ajoutée qui permet une référence, dans les résultats économiques de l'entreprise, à ce qui ressort du capital et ce qui ressort du travail.

1. La formule légale de calcul de la réserve spéciale de participation (RSP) est : RSP = ½ (B – 5 %C) × (S/VA), où B est le bénéfice net de l'entreprise, C ses capitaux propres, S sa masse salariale et VA sa valeur ajoutée. Des formules dérogatoires sont envisageables par accord collectif. Elles ne doivent cependant pas être moins avantageuses pour les salariés et la RSP qui en résulte est plafonnée par plusieurs ratios, parmi lesquels la moitié du bénéfice net comptable ou fiscal, ou le bénéfice net comptable ou fiscal moins 5 % des capitaux propres.

Le coefficient de 5 % est justifié par la nécessité de rémunérer normalement le capital et gagnerait alors à être porté sur la période actuelle à un niveau supérieur (de 7 à 8 %). Par contre, la division par deux n'a aucune justification et peut être considérée – comme cela a été exprimé avec humour en 1968 – comme un « coup de barre à droite ». Ceci est à mettre en perspective avec le fait que la participation est d'essence gaullienne, inspirée des travaux du Conseil national de la Résistance. Si le Général y était très favorable, seuls les gaullistes sociaux – dont Jacques Chaban-Delmas – le soutenaient. La majorité – de droite – de cette formation y était hostile, ce dont témoignent la tentative de réduction à un produit d'épargne, le blocage pendant cinq ans de la réserve et les incitations pour le placement en produits financiers. Si un doute était permis à ce sujet, est important de souligner que George Pompidou, alors Premier ministre, à la sortie du conseil où le principe de l'ordonnance a été adopté, en réponse à la question suivante d'un journaliste : « Qu'en pense le Général ? », répondit de manière laconique : « Oh, vous savez, le Général n'a jamais mis les pieds dans un conseil d'administration. » Fermez le ban !

La tendance – très généralisée – à ne voir la participation que dans ses aspects financiers et la réserve de participation comme un intéressement n'est évidemment pas étrangère à cette altération originelle de la philosophie gaullienne.

C'est au vu de ces considérations importantes qu'il faut situer la pertinence des propositions ci-après de refonte complète de la participation dans la perspective de respecter pleinement le concept initial et sa philosophie.

Les modifications indispensables[1]

La réalité de la participation est en fort décalage avec son ambition initiale, comme en témoigne le nombre limité de travailleurs qui en bénéficient, en partie à cause du seuil de 50 salariés à partir duquel ce dispositif est obligatoire, et le montant modeste des sommes versées à ce titre. En 2018, dernière année sur laquelle des données sont actuellement disponibles, un peu moins de 5 millions de salariés, soit 38,2 % des salariés du secteur privé hors agriculture et particuliers employeurs, avaient accès à un dispositif de participation (voir Dares, 2020[2]). Le montant brut distribué par ce dispositif était de 7,1 milliards d'euros, soit environ 1 430 € en moyenne par bénéficiaire.

Puisque la participation est un droit fondamental en raison de sa filiation à la démocratie sociale mais aussi de ce qu'elle est une des expressions du dialogue social, il n'y a aucune raison d'en limiter le champ en termes d'effectifs *minima*. Une première raison de supprimer ce seuil de 50 salariés est l'équité : il n'y a pas de raison fondamentale d'interdire du bénéfice de ce droit les salariés travaillant dans une entreprise sous ce seuil.

Par ailleurs, le seuil de 50 salariés peut susciter des stratégies visant à détourner l'entreprise de son champ par des pratiques contestables condamnées depuis longtemps par la

1. On reprend ici les développements de Jacques Barthélémy et Gilbert Cette (2021) : « Plaidoyer pour le concept de participation », *Semaine sociale Lamy*, n° 1940, 8 février, p. 8-12, et (2021) : « Participation : une ambition à retrouver », billet Télos, 21 février.
2. Dares (2020) : « Participation, intéressement et épargne salariale en 2018 », *Dares Résultats*, n° 44, décembre, rédigé par Antonin Briand.

Cour de cassation qui, pour écarter les effets de la constitution de plusieurs sociétés, a conçu l'unité économique et sociale, véritable définition juridique de l'entreprise et dont le champ gagnerait à être général. Ces stratégies de contournement du seuil ont un coût économique.

Enfin, l'effectif de 50 salariés était lié à celui à partir duquel un comité d'entreprise devait être mis en place. Cela avait une certaine cohérence en raison des attributions de cette institution ; mais cela n'en a plus en raison de la création d'une institution unique de représentativité du personnel, de surcroît à partir d'un effectif de 11 salariés. La qualification de droit fondamental de la participation milite pour l'extension à toutes les entreprises, quel qu'en soit l'effectif et quelle qu'en soit la forme juridique d'exploitation. Bien sûr, cela nécessite des adaptations de la formule pour tenir compte de la non-lucrativité éventuelle ou de l'exercice en nom personnel. Mais celles-ci ne doivent en aucun cas altérer l'essence même de la participation financière, à savoir un « dividende de l'apport en industrie ». L'absence de bénéfices au sens du droit fiscal rend impérative, dans le premier cas, une reconstruction mathématique de celui-ci et, dans le second cas, la prise en compte, dans les résultats économiques, d'une rémunération (fictive) du dirigeant.

La loi Pacte du 23 mai 2019 a apporté quelques changements aux dispositions réglementaires concernant la participation. Parmi ces changements, le seuil de 50 salariés qui était apprécié sur trois années consécutives l'est désormais sur cinq années. Un tel changement lisse l'effectivité du déclenchement du seuil de 50 salariés. La loi Pacte renouvelle par ailleurs l'obligation pour les branches professionnelles de négocier un régime de participation (et d'ailleurs aussi d'intéressement) pouvant être directement appliqué dans les entreprises de moins de 50 salariés si le chef d'entreprise en fait le choix. Cette disposition peut faciliter la généralisation de la participation. Mais ces modifications, bien qu'intéressantes, ne rapprochent toujours pas la participation de l'ambition qui était celle de ses promoteurs. Ainsi, par exemple, le seuil critiquable de 50 salariés demeure, et on a vu plus haut que la généralisation de la participation devrait le faire disparaître.

La dérogation à l'égard de la formule de calcul de la participation, par accord collectif, de branche et surtout d'entreprise, doit évidemment pouvoir s'exercer, ce qui est au demeurant déjà le cas mais encore plus du fait des évolutions récentes du droit du travail, notamment avec le principe de supplétivité. Mais la formule contractuelle ne doit pas pouvoir remettre en cause la qualification de dividendes, ni même indirectement les droits des détenteurs du capital. Toute une jurisprudence du Conseil supérieur de la participation existe déjà en ce domaine. Son utilité sera encore plus grande si le champ – mais aussi l'importance – de la participation est accru. À cet égard, est incompatible avec la qualification d'un droit fondamental la modicité (de fait) des sommes allouées à ce titre. La modification de la formule peut avoir notamment cet objectif. De ce fait doit être prise en considération l'absence d'intérêt (au plan général) de la division par deux dans la formule de calcul de la RSP.

L'accord collectif créant la participation est une exigence majeure. Cela exclut l'application de textes préétablis par les « vendeurs » d'épargne et d'assurance, d'autant que ceux-ci ignorent purement et simplement la partie – essentielle pourtant – relative à la démocratie sociale, la considérant sans doute comme du simple formalisme. La philosophie de la participation est incompatible avec une simple décision unilatérale de l'employeur, même si des solutions autres que l'accord collectif classique sont concevables, bien sûr le référendum ou l'accord avec le CSE (ou le conseil d'entreprise).

Dans les structures d'une certaine taille, il serait sans doute souhaitable que la signature, du côté de l'employeur, ne soit pas celle du président ou du gérant mais celle du conseil d'administration. Il serait au demeurant souhaitable que l'accord de participation, surtout s'il est dérogatoire, soit approuvé par l'assemblée générale des actionnaires ou porteurs de parts.

C'est toutefois sur les aspects d'ordre qualitatif – concourant à la démocratie sociale interne à l'entreprise – que les partenaires sociaux doivent faire l'objet de la plus grande créativité afin de tenir compte de l'intérêt de l'entreprise et des spécificités qui en résultent, mais aussi des moyens de créer les conditions de l'adhésion de la collectivité de l'entreprise au projet et aussi en mettant en place les moyens de rendre le contenu le plus clair possible. La participation est, par excellence, l'expression de la sanction positive, à opposer aux sanctions négatives qui sont matérialisées par le pouvoir disciplinaire.

Au vu des évolutions du droit de la négociation collective, mérite d'être conduite une réflexion sur l'intérêt de maintenir l'agrément (l'homologation) de l'accord de participation par une autorité publique, y compris en cas de dérogation au droit commun, dès lors que l'esprit de la participation doit être respecté, ce dont peut aisément résulter la nullité de l'accord. D'où du reste l'intérêt d'une mention à cet accord dans le rapport du commissaire aux comptes. Un tel accord, comme tout accord collectif, doit au demeurant faire l'objet de mesures légales de dépôt et de publicité.

À cet égard, il est important de souligner que toute altération de la formule de participation financière qui aurait pour effet d'écarter la qualification de dividendes au profit de celle de rémunération différée (intéressement et/ou épargne) doit être considérée comme frappée de nullité.

La participation peut contribuer à l'amélioration des relations sociales

La participation, notamment parce qu'il s'agit de dividendes, ne nuit pas à une politique dynamique de rémunération. La littérature économique est à cet égard assez instructive sur les effets de la participation, et plus globalement du partage du profit (« *profit sharing* »). Dans leur article séminal sur les entreprises françaises, Cahuc et Dormont (1992[1]) montrent que les dispositifs de partage du profit peuvent être favorables à la productivité sans pour autant que ces éléments de rémunération se substituent au salaire. Ces résultats sont confirmés par d'autres études sur données de firmes françaises, comme celle de Floquet *et al.* (2016[2]), qui montre que les dispositifs de partage du profit comme la participation n'y auraient pas d'impact défavorable sur le salaire et seraient favorables à la productivité. Une méta-analyse proposée par Doucouliagos

1. Pierre Cahuc et Brigitte Dormont (1992) : « L'intéressement en France : allégement du coût du travail ou incitation à l'effort », *Économie et Statistique*, n° 257, septembre, p. 35-44.
2. Mathieu Floquet, Loris Guery, Chloé Guillot-Soulez, Patrice Laroche et Anne Stévenot (2016) : « The Relationship between Profit-Sharing Schemes and Wages: Evidence from French Firms », *Management Revue*, vol. 27, n° 4, p. 219-233.

et al. (2018[1]) à partir de 56 études antérieures sur 18 pays et proposant 233 estimations aboutit à différents enseignements intéressants. Cette analyse montre que le partage du profit n'est pas préjudiciable au salaire et qu'il dynamise la productivité, ce dernier effet étant plus marqué dans les pays où l'honnêteté apparaît moins qu'ailleurs comme une valeur fondamentale et où l'individualisme est plus présent.

Il est possible de s'appuyer ici sur un autre changement introduit par la loi Pacte pour que la participation joue un rôle central dans le renforcement de la paix sociale. La loi Pacte prévoit que les actionnaires salariés détenant plus de 3 % du capital d'une société peuvent proposer à l'assemblée générale la désignation d'administrateurs représentant les salariés au conseil d'administration, cette possibilité ne concernant auparavant que les sociétés cotées sur un marché réglementé. Le CSE pourrait désigner ces représentants dès lors que la RSF bloquée sur un compte d'épargne serait mobilisée en achat de parts ou d'actions dans la société et dépasserait le seuil de 3 % du capital. Afin d'inciter à un tel processus, les avantages en termes de prélèvements fiscaux et sociaux dont bénéficie dès l'origine la participation pourraient être maintenus à leur maximum actuel pour la seule part de la RSF capitalisée dans l'entreprise par l'achat d'actions ou de parts. La part résiduelle de la RSF bénéficierait alors d'avantages moins importants. Un tel changement permettrait un apport en fonds propres à l'entreprise et contribuerait à réduire la forte défiance mutuelle qui existe actuellement entre d'un côté des salariés et leurs

1. Hristos Doucouliagos, Patrice Laroche, Douglas L. Kruse et T. D. Stanley (2018) : « Where Does Profit Sharing Work Best? A Meta-Analysis on the Role of Unions, Culture, and Values », *IZA Institute of Labor Economics Discussion Paper Series*, n° 11617, juin.

représentants, de l'autre les représentants de la société de capitaux. Pour faire pleinement sens, un tel changement serait une raison supplémentaire de sortir le chef d'entreprise du CSE qu'il préside actuellement.

Ces propositions présentent aussi l'avantage majeur de renforcer l'intérêt et le rôle du dialogue social. C'est en effet par le dialogue social que des équilibres gagnant-gagnant, conciliant au mieux protection du travailleur et efficacité économique de l'entreprise, peuvent être trouvés et concrétisés. Renforcer l'ambition de la participation pourrait permette à la fois d'élever le pouvoir d'achat des salariés et la croissance. À une époque où les gains de productivité « spontanés » sont réduits et peuvent ne pas suffire à apporter une réponse aux grands défis qui sont devant nous (financement de la transition climatique, du vieillissement de la population, du désendettement public…) et aux attentes de gains de pouvoir d'achat, il y a là un élément qui peut contribuer à atténuer les risques de tensions sociales induits par des frustrations économiques. La participation pourrait ainsi trouver une plus grande pertinence à une époque de faibles gains de productivité où les perspectives de gains de pouvoir d'achat sont réduites, ce qui peut nourrir des risques sociaux forts dans une société de défiance, comme en témoigne le mouvement des Gilets jaunes en 2018 et 2019. La participation pourrait ainsi devenir un des outils majeurs au service de la démocratie sociale qui conditionne largement la paix sociale, l'efficacité économique et donc l'emploi.

PARTIE 2

Poursuivre le renforcement du rôle du dialogue social

Les ordonnances Travail de septembre 2017 et la loi Pénicaud de mars 2018 constituent une avancée considérable dans le renforcement du rôle du dialogue social, notamment dans la perspective d'élaborer des normes protectrices. Pour autant, ces avancées demeurent inachevées, ce qui prive encore notre pays d'une partie des gains potentiels du dialogue social grâce au tissu conventionnel. Il paraît donc impératif de finaliser ces avancées (chapitre 1). Par ailleurs, le contexte de la Covid-19 signale le besoin de nouvelles possibilités transitoires. Un accord d'entreprise pourrait ainsi permettre de déroger transitoirement à des dispositions organisées par des conventions de branche – autres que celles déjà possibles grâce à la technique de supplétivité – afin de protéger les salariés en cas de difficultés particulières de l'entreprise (chapitre 2).

CHAPITRE 1

Finaliser les avancées des ordonnances Travail[1]

L'accord collectif résultant de la négociation collective entre les partenaires sociaux est un compromis qui peut permettre de concilier efficacité économique et protection des travailleurs mieux que ne peuvent le faire des normes réglementaires par définition homogènes et donc souvent peu adaptées aux spécificités des branches et entreprises et aux attentes de leurs travailleurs. D'où l'importance d'approfondir la réforme du marché du travail par le développement du rôle de la négociation collective, d'autant que celle-ci doit avoir été précédée d'un accord sur les règles de conduite de la négociation (accord de méthode). Le compromis qui fonde l'accord collectif est l'élément fondamental de cette approche : la signature du chef d'entreprise et celle des représentants du collectif de travail légitimés par une majorité de votes exprimés aux

1. Nous reprendrons ici certains développements de notre rapport Terra Nova, Jacques Barthélémy et Gilbert Cette (2019) : *Adapter le droit du travail au XXIe siècle*.

élections professionnelles sont garantes de cette conciliation entre efficacité économique et protection des travailleurs. C'est la logique de réforme déclinée par les ordonnances Travail de septembre 2017 et la loi Pénicaud de mars 2018, mais amorcées précédemment, notamment dans la loi de 2016 (loi El Khomri).

Mais ces avancées, pour importantes qu'elles soient, ne vont pas jusqu'au bout du processus d'autonomisation de l'accord collectif. Cela bride l'effet favorable recherché en termes de croissance et d'emploi, donc de protection effective des travailleurs. Il faut finaliser ce processus, afin d'adapter notre droit du travail aux mutations du XXIe siècle et permettre à la France de saisir au mieux les opportunités induites par les changements technologiques qui s'amorcent.

Cinq domaines d'une telle finalisation sont ici abordés : l'articulation entre contrat de travail et accord collectif, l'articulation entre accord de branche et accord d'entreprise, le rôle de l'institution unique de représentation du personnel, la prévention et le règlement des litiges, et les normes internationales[1].

1. D'autres domaines pourraient être évoqués, les cinq ici abordés nous paraissant parmi les plus importants. L'un de ces autres domaines est celui du salaire minimum. Comparé aux salaires minimums existant dans d'autres pays avancés, le Smic apparaît comme le plus contraint en termes de revalorisation et celui qui briderait le plus le rôle de la négociation collective, en particulier de branche, pour définir les *minima* salariaux. Sur cette question, on renvoie aux orientations de réformes préconisées par le Groupe d'experts sur le Smic présidé par Gilbert Cette. *Cf.* par exemple le dernier rapport de 2020.

L'articulation entre contrat de travail et accord collectif

Dans les limites des droits fondamentaux de l'homme, la défense d'intérêts individuels ne doit pas brider l'intérêt de la collectivité. Cette préoccupation n'est pas nouvelle et l'on trouve sur les dernières décennies plusieurs exemples de transformations réglementaires traduisant dans certains domaines la primauté de l'intérêt collectif sur l'intérêt individuel, y compris vis-à-vis de modalités inscrites dans le contrat de travail.

Trois précédents ayant en France privilégié, au nom de l'intérêt général, l'accord collectif sur le contrat individuel méritent d'être signalés. Ces trois précédents montrent que la préoccupation de faire dominer l'intérêt de la collectivité sur celui individuel du travailleur est récurrente. Il est important de souligner qu'elle est aussi transpartisane, des dispositions affirmant cette hiérarchie ayant été promues et renforcées à l'initiative de gouvernements d'orientations politiques différentes.

Premier précédent, l'article 18 de l'ordonnance de 1945 (codifié ensuite en L4) sur la sécurité sociale et son décret d'application du 8 juin 1946, relatifs à la protection sociale complémentaire, ont rendu impossible le refus d'affiliation d'un salarié à une institution de prévoyance, par exemple en invoquant la diminution de son salaire net, conséquence de la quote-part de cotisation mise à sa charge. Et cela, que la source de droit soit un accord collectif classique ou un référendum, qualifié par la Cour de cassation d'accord entre l'employeur et la collectivité de travail. À signaler que ce dispositif est né d'une ordonnance prise par un gouvernement dans lequel étaient présents les communistes (le ministre du Travail de l'époque était Ambroise Croizat).

Deuxième exemple tout aussi significatif : en 2000, la loi Aubry II a prémuni les entreprises des refus de salariés de voir leur durée effective de travail réduite du fait du passage à trente-cinq heures de la durée légale – et par voie de conséquence du blocage des salaires, composante des accords d'aménagement et réduction du temps de travail (ARTT), avec l'augmentation des effectifs et l'adaptation des horaires grâce au recours à la technique de dérogation. Elle l'a fait en écartant la qualification de cause économique en cas de rupture du contrat à l'initiative de l'employeur entendant faire respecter la norme collective. De ce fait, était écartée la procédure des licenciements collectifs et était inventée une rupture du contrat de travail *sui generis*.

Une troisième illustration est fournie par les accords de maintien de l'emploi (AME) qui pouvaient engager une diminution conjointe des salaires et des temps de travail. Cette innovation s'est inspirée de façon très prudente des préconisations que nous avions faites dans Barthélémy et Cette (2010[1]). Elle a été proposée par les partenaires sociaux dans l'ANI du 11 janvier 2013 et intégrée dans le Code du travail par la loi du 14 juin 2013[2]. Initialement, et quel que soit l'avantage mis

1. Jacques Barthélémy et Gilbert Cette (2010) : *Refondation du droit social : concilier protection des travailleurs et efficacité économique*, rapport du Conseil d'analyse économique, n° 88.

2. Rappelons pour mémoire que la logique des AME s'inscrit complètement dans la continuité de celle des accords compétitivité-emploi promus par la précédente majorité, ce qui témoigne du caractère transpartisan de cette démarche.

en cause, le salarié refusant que lui soit applicable l'accord pouvait rendre la rupture de son contrat de travail qui en résultait imputable à l'entreprise et de surcroît celle-ci avait la qualification de cause économique. Cette construction – liée fondamentalement à la non-incorporation, en droit français, de l'accord collectif dans le contrat de travail – était par ailleurs largement inspirée de l'état de la jurisprudence. Même si le dispositif de l'AME était innovant, le chef d'entreprise pouvait licencier pour motif économique individuel le salarié s'opposant à l'accord, ce qui écartait la procédure lourde prévue pour les licenciements collectifs. Mais les risques de contentieux étaient donc élevés, ce qui pouvait réduire l'appétence des chefs d'entreprise, en particulier de PME et TPE, pour engager un AME. Enfin, plusieurs conditions voulues par les partenaires sociaux dans l'ANI du 11 janvier 2013 rendaient moins attractive la signature d'un AME. Rappelons-en les trois principes : i) un tel accord ne pouvait être conclu que si l'entreprise concernée connaissait « de graves difficultés conjoncturelles ». Or, les conditions de négociation équilibrée et sereine d'un tel accord sont difficiles à réunir dans l'urgence, plus encore dans des situations de tensions sociales induites *des difficultés économiques* ; ii) l'employeur devait s'engager à maintenir l'emploi. Cette restriction était très forte et a par exemple abouti à exclure du champ des AME de nombreux accords ambitieux (comme celui conclu chez Renault fin 2014 et signé par des représentants syndicaux ayant obtenu 70 % des votes aux précédentes élections professionnelles) ; iii) les baisses de rémunération éventuellement prévues par l'AME ne pouvaient concerner les salariés dont le salaire horaire était égal ou inférieur à 1,2 Smic. Même sans changer le salaire horaire de ces salariés, il était donc même impossible de modifier temporairement leurs salaires mensuels dans le cadre d'un AME réduisant le temps de travail. Cette disposition pouvait singulièrement complexifier la conclusion d'un AME dans les entreprises employant des salariés à bas salaires. Compte tenu de ce « verrouillage », les AME ont été un échec et moins d'une vingtaine ont été signés dans les trois années suivant leur instauration par la loi du 14 juin 2013. Il convenait donc d'aller plus loin, ce qui a été réalisé par les ordonnances Travail de septembre 2017 et la loi Pénicaud de mars 2018.

Les avancées récentes nées des ordonnances Travail permettent davantage et de façon plus sécurisée à l'accord collectif de « mordre » dans des éléments du contrat de travail, *via* un accord de performance collective (APC[1,2]). Il en est ainsi par exemple dans des domaines comme la rémunération ou les horaires de travail. Il suffit d'invoquer, dans un accord de performance, des « nécessités liées au fonctionnement de l'entreprise ou en vue de préserver ou de développer l'emploi », et cela – c'est très important – sans que l'entreprise doive nécessairement connaître des difficultés économiques. Ainsi, les contraintes et limitations qui devaient être associées à la signature d'un accord de maintien de l'emploi – ce qui en avait affecté le succès – n'existent plus. Le refus d'un tel accord par un salarié concrétise désormais une cause réelle et sérieuse de licenciement. Ici encore, le changement est

1. Pour une analyse plus approfondie des APC, voir notre article, Jacques Barthélémy et Gilbert Cette (2018) : « Contrat de travail et accord collectif : une bienheureuse nouvelle articulation », *Droit social*, janvier.
2. La logique des APC reprend les préconisations que nous avions faites dans Jacques Barthélémy et Gilbert Cette (2017) : *Travailler au* XXIe *siècle*, Odile Jacob.

net : le refus d'un salarié pouvait précédemment justifier son licenciement individuel mais pour motif personnel. Les risques contentieux qui avaient déjà été légèrement réduits, surtout pour les moyennes et grandes entreprises (puisque disparaissait celui de devoir engager une éventuelle procédure de licenciement collectif), le sont maintenant davantage, le refus du salarié constituant une cause légitime de licenciement. En effet, le refus du salarié d'accepter la novation d'un élément substantiel résultant de la mise en œuvre de l'accord collectif peut désormais constituer une cause légitime de licenciement individuel.

Un délai de rétractation a été introduit pour sécuriser davantage l'encadrement de la résistance du contrat de travail à l'évolution du tissu conventionnel. Cette faculté a été intégrée dans le nouveau droit positif par le IV du nouvel article L. 2254-2 du Code du travail selon lequel « le salarié dispose d'un délai d'un mois pour faire connaître son refus par écrit à l'employeur, ceci à compter de la date à laquelle celui-ci a communiqué dans l'entreprise sur l'existence et le contenu de l'accord ». Cette précaution est en harmonie avec le fait que, pour la jurisprudence, la démission doit être claire et expresse, donc ne se suppose pas.

Mais l'autonomie, donc l'efficacité de l'accord collectif, en particulier d'entreprise, peut rester bridée par la résistance du contrat de travail, plus précisément par les incertitudes sur les éléments du contrat de travail pouvant ou non être amendés par l'accord collectif. Les domaines dans lesquels l'accord collectif peut affecter le contrat de travail demeurent en effet non clairement définis. Cette imprécision est source d'incertitudes qui peuvent brider l'initiative des négociateurs, du fait notamment de possibles contentieux. Le renforcement souhaitable du rôle de la négociation collective n'a donc pas ici été poussé autant qu'il aurait pu l'être. Pour être efficace, le renforcement de l'autorité de l'accord collectif appelle une définition plus précise des différentes composantes du contrat de travail. Il est impératif de définir clairement ses éléments essentiels en revenant à la distinction initiale de la jurisprudence entre éléments substantiels (absolus ou relatifs) et secondaires. Ce changement permettrait notamment d'opérer des différences suivant que la modification vient de la décision unilatérale de l'employeur ou de l'accord collectif. Un tel éclaircissement serait particulièrement utile pour les PME qui pourraient ainsi plus aisément envisager des changements *via* la négociation collective sans crainte de risques contentieux. Plus fondamentalement, les atteintes au contrat de travail résultant de la mise en place ou de la révision de l'accord collectif pourraient être encadrées par le principe de proportionnalité.

L'articulation entre accord de branche et accord d'entreprise

La branche est identifiée de fait par l'ensemble des domaines où la convention qui y est établie prime sur les accords d'entreprise. Les ordonnances du 22 septembre 2017 ont bouleversé cette articulation en généralisant la primauté de l'accord d'entreprise sans pour autant proposer une définition de la branche autrement que par un certain nombre de thématiques de négociation à ce niveau… que concrétise un inventaire à la Prévert à défaut d'idée directrice.

Donner du sens à la notion d'« ordre public professionnel » pour identifier les thèmes (plus que les domaines) dans lesquels la convention de branche prime sur l'accord d'entreprise est une approche plus efficace qu'une liste de thèmes identifiés par la loi. Dans la loi du 4 mai 2004 n'étaient visés que quatre domaines. La loi de 2008 a porté ce nombre à six. Les ordonnances Travail l'ont élevé à treize et même à dix-sept si l'on tient compte des quatre supplémentaires pouvant résulter de la volonté des parties à la convention de branche. La branche n'est aujourd'hui identifiable qu'à partir de ces thématiques, nommées thématiques du « bloc 1 » dans les ordonnances Travail, sur lesquelles la convention à ce niveau prime sur l'accord d'entreprise.

Le rôle effectif de la branche peut être renforcé dans les années à venir par le processus de restructuration des branches engagé depuis 2014[1]. Avant ce processus, la France comptait près de 700 conventions collectives[2] (hors agriculture) contre environ 150 en Allemagne. Un tel émiettement n'était pas favorable à la négociation de branche, de fait inexistante dans de nombreuses petites branches. Réduire le nombre de branches présente un double avantage : celui de réduire le coût de construction du tissu conventionnel et celui d'en optimiser et sécuriser le contenu. Le chantier de restructuration des branches professionnelles a été initié par la loi du 5 mars 2014[3]

1. Sur le processus de restructuration des branches professionnelles, voir Jacques Barthélémy, Gilbert Cette et Gépy Koudadje (2020) : « La restructuration des branches professionnelles : pertinence économique, régime juridique et difficultés de conception », *Droit social*, n° 5, mai.
2. J.-F. Poisson (2009) : *Rapport sur la négociation collective et les branches professionnelles*, remis le 28 avril, p. 9.
3. Loi n° 2014-288 du 5 mars 2014 relative à la formation professionnelle, à l'emploi et à la démocratie sociale.

qui a défini les premiers critères ciblant les branches professionnelles à restructurer en priorité et les outils à la disposition de l'administration pour y parvenir. La loi du 17 août 2015[1], ensuite la loi du 8 août 2016[2], puis une ordonnance du 22 septembre 2017[3] et enfin la loi du 5 septembre 2018[4] ont accéléré le chantier en étoffant le dispositif légal de restructuration des branches professionnelles. L'objectif fixé par le législateur en 2016 d'atteindre 200 branches en août 2019[5] a quasiment été atteint grâce aux restructurations menées sous l'impulsion de la sous-commission de restructuration des branches professionnelles (SCRBP[6]), rattachée à la Commission nationale de la négociation collective, de l'emploi et de la formation professionnelle (CNNCEFP). Le rapport Ramain (2020[7]) recommande d'aller plus loin désormais pour atteindre un objectif de moins d'une centaine de branches. Il propose à cet effet de donner aux partenaires sociaux jusqu'au premier trimestre 2021 pour mener des négociations en vue d'opérer des rapprochements. Il préconise également que l'État et les partenaires sociaux fassent le bilan des rapprochements engagés ou en cours au premier trimestre 2021 et que l'État reprenne alors la main pour favoriser les fusions de conventions collectives

1. Loi n° 2015-994 du 17 août 2015 relative au dialogue social et à l'emploi.
2. Loi n° 2016-1088 du 8 août 2016 relative au travail, à la modernisation du dialogue social et à la sécurisation des parcours professionnels.
3. Ordonnance n° 2017-1385 du 22 septembre 2017 relative au renforcement de la négociation collective.
4. Loi n° 2018-771 du 5 septembre 2018 pour la liberté de choisir son avenir professionnel.
5. Loi n° 2016-1088 du 8 août 2016, préc., art. 25, II.
6. La SCRPB réunit les organisations syndicales de salariés et les organisations d'employeurs au niveau national et multiprofessionnel.
7. AEF, dépêche n° 621030, « Atteindre l'objectif de moins de 100 branches nécessite des évolutions législatives » (rapport non définitif de Pierre Ramain).

lui paraissant encore nécessaires[1]. Ces échéances ont bien sûr été ajournées dans le contexte de la crise de la Covid-19.

Le processus de restructuration des branches professionnelles est ambitieux et présente différents types de risques. Deux dangers opposés doivent surtout être évités, dans les branches recomposées : celui d'un renforcement des garanties pour les salariés au niveau le plus élevé des branches regroupées, qui menacerait la santé et le dynamisme économiques des entreprises concernées, et celui d'une multiplication de dispositions spécifiques visant à juxtaposer toutes les garanties particulières mais pouvant aboutir à une grande complexification, en particulier des textes conventionnels. Un des objectifs des partenaires sociaux doit être, pour éviter les mêmes critiques que celles faites au tissu légal, de rendre le tissu conventionnel le plus clair, le plus accessible par tous. Cela exige des comportements en conséquence de la part des partenaires sociaux.

Par ce processus de restructuration, la notion de branche va peu à peu prendre de la consistance à partir de considérations fondamentales d'ordre économique et d'ordre social. Pour autant, la liste des thématiques dans lesquelles la convention de branche prime prend l'allure d'un catalogue sans cohérence à défaut de définition de la branche elle-même. Celle-ci devrait découler d'un « ordre public professionnel » consacrant les domaines d'intervention légitime à ce niveau ; d'où l'idée même de recourir à l'expression d'« ordre public ». L'articulation entre les deux niveaux de négociation collective que sont la branche et l'entreprise doit être redéfinie, d'autant que l'habitude est de considérer, à tort, qu'il y a branche dès

1. Rapport de Pierre Ramain (2020), *op. cit.*, p. 57.

qu'il y a convention collective. La prise en compte de nombreuses spécificités pourrait revenir à la négociation collective d'entreprise, la négociation de branche prenant la responsabilité de construire l'ordre public professionnel concernant l'ensemble de l'activité et de répondre à ce niveau aux enjeux liés à l'intérêt général.

Dans cette logique, il est utile d'affirmer que la convention de branche conserve un rôle majeur pour solidifier la collectivité de travail, par exemple autour d'un objectif de solidarité, par la mise en œuvre de mutualisations en matière de protection de la santé, d'employabilité mais aussi de mobilité. Elle doit également donner du sens aux conditions de travail spécifiques liées à la nature particulière de l'activité économique (en particulier par les classifications professionnelles et les rémunérations minimales). Mais le contenu de ces deux composantes doit être adapté à la spécificité de la collectivité de travail de la branche. L'« ordre public professionnel » doit donc être fondé sur le concept d'unité économique et sociale, dont les frontières concrètes doivent être précisées conventionnellement pour concrétiser le noyau dur au sein duquel l'accord de branche prime sur l'accord de rang inférieur. Au-delà, c'est l'accord d'entreprise qui prime et la convention de branche lui est alors supplétive. Ainsi, l'ordre public professionnel bornerait seul l'autonomie de l'accord d'entreprise par rapport à la convention de branche.

Renforcer le rôle de l'institution unique de représentation du personnel

Les ordonnances Travail de septembre 2017 ont fusionné en une seule institution, le comité social et économique (CSE), les trois précédentes institutions qu'étaient les délégués du personnel (DP), le comité d'entreprise (CE) et le comité d'hygiène, de sécurité et des conditions de travail (CHSCT). Cette création d'une institution unique de représentation du personnel est parfois présentée comme l'expression d'une régression sociale. Pour soutenir cette thèse, la diminution du nombre des mandats et la concentration des missions sur une seule institution sont supposées ne pas permettre une action efficace. Cette vision est contestable à nos yeux à plus d'un titre :

- D'abord, la division des missions exercées par des institutions différentes présente l'inconvénient de privilégier la forme sur le fond, favorisant une dérive technocratique. Cela d'autant que les différentes institutions étaient susceptibles d'intervenir sur une même décision de l'autorité de l'entreprise, sur un même problème mais sous des angles différents. En outre, cela altérait considérablement la force de la consultation, l'approche parcellisée du problème, conséquence de la mission particulière des diverses institutions, nuisant à une approche globale de l'intérêt des salariés et de leur collectivité.
- Ensuite, ce n'est pas le nombre de représentants du personnel, encore moins le nombre total d'heures de délégation,

qui, en soi, matérialise un avantage car ce ne sont que des moyens au service de l'intérêt de la collectivité de travail. Celle-ci doit pouvoir s'exprimer afin que la décision arrêtée après la consultation par l'employeur le soit vraiment dans l'intérêt de l'entreprise qui ne se résume pas à celui des détenteurs du capital. Cette parcellisation était d'ailleurs une spécificité française et les salariés d'autres pays ne paraissent pas moins protégés par une institution unique.

- Enfin, l'institution unique du personnel est fondamentalement un progrès (social) dès lors que cela donne de la consistance (juridique notamment) à la collectivité de travail. La capacité de traiter des problèmes sous l'ensemble des différents aspects susceptibles de matérialiser l'intérêt de la collectivité ne peut qu'avoir des effets positifs. Ce qui précède est encore plus significatif si le CSE devient, par accord collectif, le conseil d'entreprise (CE) car lui est alors confié le pouvoir de négociation. On se rapproche alors de l'idée de « conseil d'administration » de la collectivité de travail qui renforce la consistance juridique de celle-ci, d'autant que le CSE est doté de la personnalité morale. Cela invite à revisiter la participation trop souvent perçue comme une simple forme d'intéressement (*cf.* la partie 1 du présent ouvrage).

Cela étant, deux modifications s'imposent pour que cette institution unique devienne réellement un organe de « l'entreprise-institution » :

- Il faut d'abord faire sortir l'employeur du CSE, et donc *a fortiori* de sa présidence. Cette présidence depuis 1946 était justifiée par l'importance des attributions dans l'ordre social mais aussi par la méfiance patronale à l'égard de ce qui était considéré comme une atteinte au pouvoir de direction. Mais cette présidence revient à ce que l'employeur négocie avec lui-même en présence d'un CE. Et, en présence d'un CSE, cela signifie que l'employeur ne consulte pas l'institution (qui est une personne morale) au nom de l'intérêt collectif du personnel, mais la délégation du personnel au sein de cette institution (laquelle n'est pas une personne morale). Il est impératif que le chef d'entreprise sorte du CSE pour que ce dernier puisse représenter pleinement le collectif de travail et constituer une possible instance de négociation avec l'entreprise. Dans aucun autre pays avancé à notre connaissance, le chef d'entreprise siège de droit (et encore moins préside) la structure équivalente au CSE (les « *works councils* »). Cela n'est pas un hasard…

– Il faut aussi, à l'instar de ce qui vaut en Allemagne avec le *Betriebsrat*, que ce « conseil d'administration » de la collectivité de travail dispose d'un droit d'opposition à certaines décisions de l'employeur, plus précisément lorsque est susceptible d'être compromis l'intérêt majeur de la collectivité, c'est-à-dire indirectement l'intérêt de l'entreprise qui ne saurait être limité à celui de la collectivité des détenteurs du capital.

Les délégués syndicaux doivent garder le monopole actuel de négociation. Pour autant, ce monopole doit permettre que la négociation soit menée entre le chef d'entreprise et le CSE dans différentes situations spécifiques. Tout d'abord bien sûr en cas d'absence de délégués syndicaux et de présence d'un CSE. Ensuite, si le chef d'entreprise et les délégués syndicaux s'accordent sur un tel choix. Enfin, si un second tour a été nécessaire aux élections professionnelles définissant la composition du CSE, du fait de la non-atteinte du quorum au premier tour[1]. Dans ce dernier cas, en effet, le CSE pourrait être considéré comme représentant plus légitimement le collectif de travail dans une négociation que les délégués syndicaux.

Par ailleurs, le recours à la logique référendaire à l'initiative du chef d'entreprise ne doit pas constituer une alternative à la négociation collective et à un véritable dialogue social. Le référendum peut légitimement être la procédure décisionnelle quand il est souhaité à la fois par le chef d'entreprise et les représentants des travailleurs dans le dialogue social (délégués syndicaux ou CSE, dans les conditions évoquées plus haut). En l'absence de tels représentants des travailleurs, il peut être une procédure légitime pour décider de la mise en œuvre dans l'entreprise d'un accord d'application directe négocié au niveau de la branche, ou d'un accord négocié avec un salarié ou des salariés mandatés pour cela par des syndicats représentatifs au niveau de la branche ou au niveau national ; dans les deux cas, il y a alors bien négociation collective. Enfin, dans le cas d'un accord signé par des représentants syndicaux représentant plus de 30 % des salariés mais non majoritaires au niveau de l'entreprise, il doit demeurer une voie de décision concernant l'accord négocié, à condition d'une non-opposition des syndicats majoritaires. Le recours au référendum doit demeurer fortement encadré, la négociation collective étant la voie privilégiée pour l'élaboration d'accord gagnant-gagnant, seul à même de concilier protection et efficacité. Pour que le référendum prévu corresponde à la fonction protectrice du

1. Apprécié par collège, ce quorum correspond à la moitié des électeurs inscrits.

droit du travail, il faut que le projet ait été élaboré dans le cadre d'une discussion avec des représentants du travail, faute de quoi il n'est qu'une décision unilatérale de l'employeur sous condition suspensive.

Rendre plus performants la prévention et le règlement des litiges

Les litiges relatifs aux rapports de travail ne sont pas ordinaires en ce sens que le droit du travail les régissant est en liaison avec les droits fondamentaux de l'homme. Dès lors, le contentieux des relations individuelles de travail ne peut se décliner par application mécanique des techniques classiques du droit à la justice et à la réparation du préjudice subi. D'où l'intérêt et les particularités de la juridiction prud'homale.

Trois types de modifications méritent toutefois d'être mises en œuvre, avec justement comme finalité de tenir compte de la spécificité du litige entre un employeur et un salarié :

– Tout d'abord, il faut souligner que le règlement de litiges par les parties elles-mêmes peut donner naissance à une solution considérée comme bénéfique par chacune d'elles. De ce fait, la conciliation ne doit pas se réduire à du simple formalisme, ce qui est le cas si on n'y consacre que quelques minutes... Voilà pourquoi sont importantes – et doivent être respectées spécialement – l'exigence de la présence effective des parties mais aussi l'obligation que les juges conciliateurs ne soient pas les mêmes que les juges du fond (car lors de la conciliation les parties ont de ce fait des réticences à proposer des concessions). Et c'est pour la même raison que doit être largement facilitée la médiation, qui aurait intérêt alors à être suggérée, avant le passage des parties en conciliation ou après en cas d'échec de cette dernière, par les deux juges de conciliation. Madame la conseillère Brenneur a fait sur ce sujet diverses analyses et a procédé à de multiples expériences très concluantes[1].

- Ensuite, l'autorité du tribunal doit être renforcée de sorte que le pourcentage d'appel – qui alourdit le coût de la justice et allonge les délais de règlement du litige – se réduise. Ce pourrait être le cas si, en plus des deux employeurs et des deux salariés, était présent un juge professionnel (technique de l'échevinage). Cela permettrait d'écarter la critique pertinente d'un nombre pair de juges, qui peut aboutir à de mauvais compromis. Cette solution ne saurait toutefois se traduire par une place prépondérante du juge professionnel. Rappelons qu'une telle présence est assez générale dans les autres pays de l'OCDE.
- Enfin, l'arbitrage pourrait être rendu possible, comme en Belgique pour les travailleurs ayant un haut degré de qualification et/ou de revenus. Les conventions collectives de branche pourraient – à l'instar de ce qui est déjà concevable pour les litiges collectifs de travail – organiser des procédures en vue de la constitution du tribunal arbitral et de mutualiser des fonds pour en financer le coût.

La « hantise » du procès prud'homal et de ses conséquences importantes en matière financière (pouvant mettre à mal la pérennité d'une TPE) explique le succès de la rupture

1. Voir : www.beatricebrenneur.com/mediation/

conventionnelle conçue par les partenaires sociaux dans le cadre de l'ANI du 13 janvier 2009. Rappelons qu'en 2019, plus de 440 000 ruptures conventionnelles auraient selon la Dares été conclues[1].

Cette hantise explique aussi la barémisation, introduite dans le droit positif français de façon indicative par la loi Macron d'août 2015, puis de façon impérative par les ordonnances Travail et la loi Pénicaud. Elle vise à rassurer les chefs d'entreprise, essentiellement de PME, sur les risques *maxima* encourus en cas de conflit avec un salarié. Des effets favorables en étaient attendus sur l'emploi.

Des tribunaux de prud'hommes ont refusé de se soumettre aux barèmes et ont motivé ce choix en invoquant l'article 10 de la convention 158 de l'OIT, ratifiée par la France, mais aussi la Charte européenne des droits sociaux. Le Comité européen des droits sociaux a d'ailleurs publié en 2016 un avis négatif sur une telle barémisation en Finlande. Il en a fait de même en 2019 concernant l'Italie. Il en fera sans doute de même dans un avenir incertain concernant la France… Certes, les avis de ce comité ne sont pas normatifs, et la France n'est donc pas obligée de s'y conformer, mais les tribunaux prud'homaux peuvent s'y référer, et à ce titre ne pas se soumettre à la barémisation… Ils le feront sans doute davantage encore lorsqu'un avis concernant la France sera publié par ce comité. Le motif invoqué par le Comité est que la barémisation pourrait brider l'appréciation par le juge d'une juste réparation du préjudice, ce qui est contraire à des droits fondamentaux s'imposant, eux, à la France. Pour les mêmes raisons, nous avions manifesté

1. Voir Émeline Limon et Tristan Paloc (2020) : « Les ruptures conventionnelles individuelles en 2019 », *Dares Résultats*, n° 012, février.

dans nos travaux antérieurs un certain scepticisme concernant le principe de la barémisation. Mais une telle barémisation se généralisait déjà en Europe et semblait devenir une norme établie, y compris dans les pays nordiques et scandinaves où l'importance et la qualité du dialogue social sont fortes.

L'idée d'une inconventionnalité (c'est-à-dire contradiction avec les textes supranationaux) des textes relatifs à la barémisation est forte dans les tribunaux (de première instance) qui se sont prononcés jusqu'ici, ainsi que parmi les représentants de la doctrine. Les opposants à cette thèse s'appuient essentiellement sur la non-application impérative de la Charte sociale européenne, d'autant que son « juge », le Comité européen des droits sociaux, n'est pas un tribunal mais un comité d'experts. Il est cependant à noter que le Conseil d'État a déclaré l'article 24 de cette charte comme d'application directe. Or, l'article 10 de la convention n° 158 de l'OIT a une rédaction similaire, consacrant le droit du salarié à une indemnisation adéquate et à la réparation appropriée du préjudice subi.

Le match judiciaire sera long (jusqu'à une décision définitive de la Cour de cassation), mais son issue fait assez peu de doute : la barémisation impérative devra tôt ou tard disparaître du droit positif français. Cela pourra se traduire par un retour à une barémisation indicative. Mieux vaut donc privilégier des solutions visant à réduire les risques de conflits et surtout à les prévenir, d'autant que l'objectif de favoriser l'emploi serait alors mieux concrétisé. Et puis, il ne faut pas oublier que les demandes de dommages et intérêts pour absence de cause réelle et sérieuse sont très souvent couplées avec d'autres pour des montants significatifs, pour lesquels la barémisation n'a pas d'objet.

L'articulation avec les normes internationales[1]

Le comportement, en matière de ratification des conventions de l'OIT, diffère fortement d'un pays à l'autre. Nous évoquons ici ces différences pour les seuls 36 pays de l'OCDE, qui se caractérisent aussi bien par des niveaux de développement que par des institutions plus proches entre eux qu'avec les autres membres de l'OIT[2]. En 2019, l'OIT avait adopté 190 conventions parmi lesquelles 157 sont actuellement en vigueur, dont 8 « conventions fondamentales » et 4 « conventions de gouvernance ».

Le graphique 2 ci-après recense le nombre de conventions de l'OIT ratifiées par chacun des 36 pays de l'OCDE : il s'étend de 14 pour les États-Unis (parmi lesquelles 12 en vigueur[3]) à 133 pour l'Espagne (dont 87 en vigueur). Aucun lien favorable n'apparaît entre le nombre de conventions ratifiées et la protection effective des travailleurs : les 4 pays dans lesquels ce nombre est le plus élevé (Espagne, France, Italie et Belgique) comptent parmi ceux qui pâtissaient en 2019 d'un taux de chômage élevé et, à l'inverse, les 4 pays dans lesquels ce nombre est le plus faible (États-Unis, Islande, Corée et Canada) comptent parmi ceux où le taux de chômage était relativement faible. Cette relation apparente, pour intéressante

1. Nous reprendrons ici des développements de notre article : « Renforcer l'efficacité économique et le rôle protecteur des droits sociaux supranationaux », *Les Cahiers du DRH*, novembre 2019, p. 46-54.
2. Ces dénombrements ont été réalisés par nous-mêmes.
3. Différents motifs peuvent amener une convention ratifiée par un État à ne plus y être en vigueur : la convention peut être mise à l'écart, retirée ou bien dénoncée par l'État concerné.

qu'elle soit, ne signifie cependant pas qu'il existerait nécessairement une relation de causalité inverse entre le comportement de ratification et le taux de chômage. Une analyse plus approfondie serait nécessaire sur ce sujet.

La logique de supplétivité développée par les ordonnances Travail et la loi Pénicaud, qui permet aux acteurs (les partenaires sociaux) de construire des compromis conciliant protection du travailleur et efficacité économique, est bridée par l'existence de normes internationales comme les conventions de l'OIT ratifiées par la France. Alors que des normes d'essence réglementaire peuvent laisser la place à des normes conventionnelles du fait de la règle de supplétivité lorsqu'elles sont de droit national, celles d'importance similaire l'interdisent si elles sont d'essence supranationale, alors même qu'elles ont le même objet. Il peut en résulter une perte, sur le plan de la protection des travailleurs et/ou de l'efficacité économique.

La France est le pays ayant le plus systématiquement ratifié les conventions de l'OIT, après l'Espagne, qui n'est pas un pays très performant en termes de fonctionnement du marché du travail et de protection des travailleurs, comme en atteste un taux de chômage très élevé. Les contraintes du droit supranational y sont donc plus prégnantes qu'ailleurs, en particulier – c'est essentiel à souligner – dans les pays avec lesquels la France entretient de fortes relations commerciales, dont les pays européens et par exemple les pays nordiques et scandinaves (comme le Danemark, la Finlande, la Norvège et la Suède).

Le cas de la convention n° 158 de l'OIT sur les licenciements est particulièrement intéressant. En effet, ce sont les engagements pris dans le cadre de cette convention qui ont abouti en 2008 à l'abrogation du contrat nouvelle embauche (CNE)

Graphique 2. Nombre de conventions de l'Organisation internationale du travail ratifiées par les pays de l'OCDE

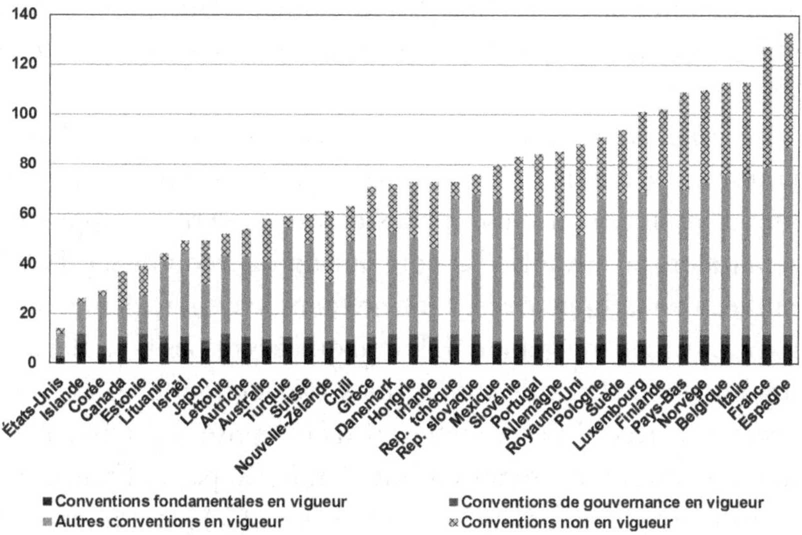

Source : Calculs des auteurs à partir des données de l'OIT disponibles en août 2019.

Lecture : La France a ratifié 127 conventions, dont 79 sont en vigueur parmi lesquelles les 8 conventions fondamentales et les 4 conventions de gouvernance.

créé en 2005 et qui sont, entre autres éléments, invoqués pour dénoncer la barémisation des indemnités pour licenciement sans cause réelle et sérieuse (*cf. supra*). Or, créée en 1982, la convention 158 n'est à ce jour ratifiée que par 11 des 36 pays de l'OCDE. La Suède fut le premier pays à ratifier cette convention, dès 1983, suivie par la France en 1985. Parmi les 4 pays scandinaves, 2 l'ont ratifiée (Suède et Finlande en 1992), les 2 autres ne l'ayant pas fait (Danemark et Norvège). Le choix de non-ratification de la convention 158 par 25 des 36 pays de l'OCDE ne peut laisser indifférent : ces nombreux pays ont préféré que des normes émanant d'autres sources, en particulier de droit interne (lois, décrets ou conventions), encadrent les conditions du licenciement. La France a choisi de se soumettre plus fortement que de nombreux autres pays aux contraintes d'un droit supranational, sans pour autant qu'une étude de fond ait été réalisée sur l'intérêt d'une telle stratégie.

Le rôle protecteur de nombreuses conventions de l'OIT pourrait être renforcé si leur contenu devenait supplétif d'éventuelles normes conventionnelles de droit interne. L'approche serait alors la suivante. Le contenu de conventions de l'OIT ratifiées par la France serait intégré dans le droit réglementaire français. Cette intégration induirait que ces dispositions deviendraient supplétives de dispositions conventionnelles concrétisées par accord de branche ou d'entreprise. La ratification de ces conventions serait ensuite dénoncée par la France car n'ayant plus d'intérêt opérationnel. Le changement serait à droit constant puisque le contenu des conventions dénoncées aurait été préalablement repris dans le droit français. Mais les partenaires sociaux se verraient alors ouvrir la possibilité de substituer aux dispositions correspondantes celles de normes conventionnelles conciliant à leurs yeux une meilleure efficacité économique et un rôle protecteur accru pour les travailleurs. Une telle démarche s'inscrit dans l'esprit des ordonnances Travail de septembre 2017 et de la loi Pénicaud de mars 2018.

Cette proposition a fait l'objet de critiques véhémentes, accusée d'être un détricotage de la protection des travailleurs. De telles critiques correspondent à nos yeux à une négation du rôle central que les partenaires sociaux peuvent et doivent jouer pour l'élaboration des normes les plus protectrices puisque n'ignorant pas que l'efficacité économique peut être aussi le garant du maintien et de la progression de l'emploi. Le zèle français à ratifier les conventions de l'OIT traduit une défiance vis-à-vis des partenaires sociaux aboutissant à refuser de leur conférer un rôle central dans la construction de compromis gagnant-gagnant. Il apparaît impératif de réduire cette défiance et d'accorder une place croissante à la négociation collective dans la construction d'un droit social plus effectivement protecteur.

Les conventions de l'OIT éligibles à une telle orientation sont nombreuses parmi celles ratifiées par la France. Touchant à des droits et libertés fondamentaux, le contenu des 8 conventions dites « fondamentales » ne pourrait toutefois qu'en être exclu. Il s'agit des conventions 87 (créée en 1948) et 98 (1949) sur la liberté syndicale, 29 (1930) et 105 (1957) sur le travail forcé, 100 (1951) et 111 (1958) sur la discrimination, et 138 (1973) et 182 (1999) sur le travail des enfants. Signalons que, parmi les 36 pays de l'OCDE, seuls 5 pays n'ont pas ratifié la totalité de ces 8 conventions : les États-Unis (qui en ont ratifié seulement 2), la Corée (4), le Japon et la Nouvelle-Zélande (6), et l'Australie (7).

De même, parce que touchant au contrôle du respect du droit ou de la consultation des partenaires sociaux, le contenu des 4 conventions dites « de gouvernance » serait également exclu du champ de cette forme de supplétivité. Il s'agit de la convention 81 (créée en 1947) sur l'inspection du travail, 122 (1964) sur la politique de l'emploi, 129 (1969) sur l'inspection du travail dans le domaine agricole et 144 (1976) sur la consultation tripartite relative aux normes internationales du travail. Signalons que, parmi les 36 pays de l'OCDE, 17 pays (soit presque la moitié) n'ont pas ratifié l'ensemble de ces 4 conventions : 13 pays en ont ratifié 3, 2 pays en ont ratifié 2 (Chili et Luxembourg) et 2 derniers pays en ont ratifié seulement une (États-Unis et Mexique).

Au-delà de ces 12 conventions, le contenu des conventions ratifiées (soit 67 conventions sur les 79 en vigueur parmi les 127 conventions ratifiées par la France) serait éligible à devenir supplétif de normes conventionnelles grâce à sa reprise dans le droit interne puis dénonciation de la ratification.

*

De même que l'efficacité économique ne peut se concevoir sans protection des travailleurs, l'arsenal de normes visant à protéger les travailleurs ne peut être construit sans considérer la question de l'efficacité économique. Si la protection des salariés est construite au prix d'un fort chômage structurel du fait d'une perte d'efficacité économique et d'une appréhension accrue des entreprises à embaucher, les normes élaborant cette protection peuvent-elles réellement être considérées comme protectrices ? Protection des travailleurs et efficacité économique sont conciliables. Pour cela, il est utile que les normes soient largement construites par les acteurs eux-mêmes directement impliqués dans cette dualité d'objectifs. Les partenaires sociaux sont les plus à même d'être les acteurs de cette construction. Les propositions qui précèdent visent à approfondir les avancées portées par les ordonnances Travail de septembre 2017 et la loi Pénicaud de mars 2018 afin de renforcer le rôle de la négociation collective et de faciliter davantage la construction de compromis gagnant-gagnant permettant la meilleure conciliation entre efficacité économique et protection des travailleurs. La logique de la supplétivité y est développée, car elle permet de construire au mieux une telle conciliation.

CHAPITRE 2

Les avancées suscitées par la crise de la Covid-19

Des compromis transitoires mais ambitieux peuvent permettre la survie d'entreprises fortement stressées par des chocs de grande ampleur comme la Covid-19. Nous préconisons la possibilité que des accords collectifs d'entreprise, du type des accords de performance collective (APC), puissent décider le non-respect transitoire de normes élaborées au niveau de la branche. Il en irait par exemple ainsi des *minima* salariaux. Plus largement, ces évolutions sont liées à l'émergence de la civilisation du savoir et de l'économie numérique, portée par les changements technologiques. Ces changements appellent une évolution de la culture de la négociation et un renforcement de l'autonomie de l'accord collectif qui limite la résistance du contrat de travail vis-à-vis de l'accord collectif, même quand celui-ci a une portée transitoire. Dans ce contexte, le rôle de l'accord de méthode est renforcé.

Un changement de la culture de la négociation collective

L'architecture du droit du travail (et plus globalement du droit social ?) a donc profondément évolué, sans que, au demeurant, on en ait toujours pleinement conscience. Elle est d'essence plus contractuelle, favorisant plus d'autonomie du tissu conventionnel à l'égard de la réglementation, grâce à la technique de dérogation (explorée en premier en matière de durée du travail, ce qui n'est pas neutre !), mais aussi de l'accord d'entreprise à l'égard de la convention collective de branche, en priorité et de manière symbolique par la technique de supplétivité.

Ce droit du travail nouveau favorise plus d'efficacité économique grâce à l'adaptation des normes à chaque contexte et/ou à chaque projet. Mais cela sans affecter la fonction protectrice génétique de ce droit, dès lors que la source prioritaire de l'autonomie, c'est l'accord collectif où équilibre des pouvoirs mais aussi comportement loyal et exécution de bonne foi sont aisés à promouvoir grâce, en particulier, à l'accord de méthode que le Code du travail impose aujourd'hui. La conciliation entre efficacité économique et protection du travailleur est aussi assurée par la nature contractuelle de l'accord collectif, le compromis en résultant étant facteur d'amélioration du climat social, lequel est un ratio économique.

Mais il ne suffit pas d'adapter le contenu de la loi, de la réglementation, pour favoriser l'autonomie de la source conventionnelle ; encore faut-il que les entreprises et les branches sachent s'en servir et aient envie de le faire, ce qui suppose une éducation et des comportements, donc une culture. Les effets de la Covid-19 permettent cette évolution, ce dont témoignent, à titre d'exemple topique, le télétravail et sa nouvelle perception.

Le renforcement de l'autonomie de l'accord collectif

Les mutations profondes de la réglementation et leur utilisation dans la vie de l'entreprise, favorisées par des comportements nouveaux, ne peuvent qu'inciter à une réflexion prospective sur l'accroissement, grâce au dialogue social, de l'autonomie de l'accord collectif d'entreprise, lequel peut (doit) être conçu et vécu comme un outil de management. Ici, un travail doctrinal s'impose – il faut rendre grâce à ce sujet à Robert Badinter et Antoine Lyon-Caen (2015[1]) – sur l'identification rationnelle de l'espace d'autonomie du tissu conventionnel à partir d'une déclinaison de l'ordre public en droit du travail. En d'autres termes, mieux vaut ici un principe théorique que l'on décline par la négociation collective qu'une liste de domaines conçue *in fine* sous forme d'inventaire à la Prévert. La nouvelle présentation du Code du travail est inspirée de cet objectif.

Un effort de recherche tout aussi important doit être consacré à l'autonomie de l'accord d'entreprise à l'égard de la convention collective de branche. L'idée d'un « ordre public professionnel » pourrait contribuer à cette recherche, fondée sur une définition de la branche par référence à la

1. Robert Badinter et Antoine Lyon-Caen (2015) : *Le Travail et la Loi*, Fayard.

complémentarité des activités économiques, d'un côté, des conditions de travail identiques ou à tout le moins similaires, d'un autre côté. Notons que l'effort réalisé pour donner la plus grande efficacité aux règles de conduite de la négociation favorise une telle recherche, sans dénaturer la fonction du droit du travail.

On ne saurait ici passer sous silence l'importance du passage de la représentativité de droit des organisations syndicales pour pouvoir négocier valablement, à une audience minimale mesurée dans la collectivité de travail concernée (celle de la branche ou celle de l'entreprise), laquelle acquiert de ce fait plus de consistance juridique[1]. Cela rend plus solide la construction contractuelle. À cet égard – cela a été souligné dans le chapitre précédent – va dans le même sens l'institution unique de représentation du personnel, d'autant que peut, sous condition, lui être confiée la capacité de négocier. Les caractéristiques de la personnalité morale de la collectivité sont alors sans doute réunies.

Ici, c'est à l'inventivité qu'il faut faire appel, incompatible avec la gestion technocratique des contraintes nées de la règle de droit. Il faut admettre la prise de risques, à condition de les gérer, donc de les évaluer. Cela nécessite toutefois que l'on ne fasse pas appel à la technique juridique uniquement pour mettre en forme les décisions arrêtées au nom du seul bon sens et d'une vision purement opérationnelle.

---

1. Rappelons ici que ce changement d'une importance radicale a été demandé par les partenaires sociaux eux-mêmes, *via* la position commune du 9 avril 2008, certes ratifiée concernant les organisations salariées par les seules CGT et CFDT. La loi du 20 août 2008 a transposé cette évolution dans le droit positif, amorçant le processus d'autres changements qui légitiment les représentants des salariés dans le dialogue social par leur audience mesurée dans les élections professionnelles.

L'ambition des auteurs de cet ouvrage est d'aller plus loin, partant de l'idée-force que la disparition de l'entreprise a des effets bien plus dévastateurs – sur les travailleurs spécialement – que la remise en cause mesurée de la « règle de l'avantage plus favorable », longtemps considérée comme un arsenal protecteur en soi, de surcroît inévitable en raison de la suspicion à l'égard du consentement du travailleur, conséquence de son état de dépendance économique et pas seulement de subordination juridique.

Face à une situation d'une extrême gravité de nature à affecter l'intérêt général, on doit pouvoir aller plus loin que le seul respect de l'ordre public classique et de « l'ordre public professionnel », en permettant à un accord d'entreprise de déroger à des dispositions décidées au niveau de la branche, y compris quand elles font partie du bloc 1. Ceci toutefois sous une double condition :

- La solution « dérogatoire » doit avoir une durée maximale envisageable limitée. On peut se hasarder à imaginer une durée maximale par exemple inspirée des durées maximales des accords et/ou du contrat individuel (à durée déterminée). Celles-ci ont comme objectif d'insister sur le caractère exorbitant de la construction concernée à l'égard du droit commun. Le législateur devrait donc intervenir à cet effet. Cinq ans auraient du sens, d'autant qu'il faudrait mettre en harmonie cette durée avec les procédures, prévues par le droit commercial et des sociétés, relatives au redressement, y compris judiciaire.
- La durée effective, inférieure ou égale, serait définie par la convention collective de branche ou fixée par l'accord dérogatoire d'entreprise. Il faudrait sans doute prévoir plusieurs

durées différentes en rapport avec l'objet principal, sinon exclusif – à savoir les difficultés de l'entreprise –, l'accord d'entreprise définissant la durée effective en s'inspirant de la réalité de la situation, mais aussi des moyens mis en œuvre ou imaginés pour redresser la barre. Le préambule de l'accord – rendu obligatoire – identifierait à la fois le contexte (admis de ce fait par les deux parties) et les relations entre ce moyen et les autres imaginés par l'entreprise, sur lesquels l'institution unique de représentation du personnel doit être consultée.

Les domaines concernés doivent être en théorie l'ensemble des conditions de travail, de rémunération, d'emploi ainsi que les garanties sociales, c'est-à-dire les objets potentiels de négociation collective. Non seulement l'accord d'entreprise indiquerait précisément ce qui est effectivement concerné, bien sûr en liaison avec la réalité de la situation, mais il devrait s'intéresser aux limites de la « dérogation ». Prenons l'exemple des salaires *minima* conventionnels de branche, étendus ou pas, exemple sans aucun doute le plus topique. L'accord collectif d'entreprise devrait préciser le niveau des salaires *minima* applicables, voire les salaires effectifs, bien sûr pour la durée déterminée fixée par l'accord. En clair, cela signifie qu'un accord collectif d'entreprise devrait permettre de déroger transitoirement aux *minima* de branche, dans le respect cependant des dispositions d'ordre public comme le salaire minimum (le Smic). Mais cela ne serait pas suffisant : il faudrait aussi aborder l'impact sur d'autres avantages, tels que, s'agissant de l'exemple des salaires, le maintien du salaire en cas de maladie ou d'accident, l'indemnité de licenciement et de départ en retraite, car on pourrait parfaitement concevoir que leur assiette ne soit pas affectée ou dans des conditions moindres que celle des salaires effectifs.

Un tel accord atypique nécessite un arsenal spécifique concernant l'information, individuelle mais avant tout collective, ce qui rend nécessaire un organe paritaire, bien sûr lui aussi à vocation temporaire, destiné à faire le point, sous forme de rapports destinés aux partenaires sociaux, sur l'évolution de la situation, notamment au vu de ces instruments particuliers. L'assistance d'experts pourrait être organisée dans le cadre de l'accord dérogatoire. Cette structure pourrait être conventionnellement chargée de régler amiablement et préventivement les litiges susceptibles de naître de la mise en place d'une telle solution dérogatoire.

La résistance du contrat de travail

La difficulté majeure – au plan juridique mais surtout au plan « psychosociologique » – vient du degré de résistance du travailleur pris individuellement, donc du contrat de travail. Bien sûr, sur un plan théorique, il faudrait, comme indiqué dans le précédent chapitre, conduire une réflexion sur les éléments dudit contrat auxquels on ne saurait toucher sans l'accord individuel.

Là où l'accord d'entreprise se substitue pleinement à la convention collective de branche, la résistance du contrat de travail à l'évolution du tissu conventionnel est moindre que, par exemple, s'agissant des salaires *minima* conventionnels. Cela met en évidence l'importance d'une recherche sur « l'ordre public professionnel », identitaire de la branche. Ailleurs – donc si la norme conventionnelle affecte un élément essentiel du contrat de travail (c'est volontairement qu'on reste ici dans un flou relatif) –, c'est sur le terrain de la rupture des relations qu'il convient de se placer. La solution, imaginée récemment dans un autre domaine, de la qualification automatique de cause réelle et sérieuse de licenciement ne résistera pas aux critiques de la jurisprudence s'appuyant sur les droits fondamentaux. Mieux vaut s'en tenir à la seule mise à l'écart de la qualification de cause économique de la rupture en se positionnant sur le fait que la cause est individuelle, liée au refus personnel de la novation, elle-même conçue – et justifiée – par l'intérêt de l'entreprise (qui dépasse celui des détenteurs du capital), donc de l'intérêt général. L'accord d'entreprise – et même la convention collective de branche – pourrait par contre instaurer une procédure d'information et de règlement préventif des litiges, destinée à éviter la dégradation du climat social dans un contexte difficile par nature !

L'accord de méthode[1]

Le passage de la civilisation de l'usine à celle du savoir, accéléré dans le contexte de la Covid-19 et conséquence des progrès exponentiels des technologies, spécialement du numérique et de l'intelligence artificielle, va rendre indispensables, par souci de survie de l'entreprise, des modifications profondes dans le domaine des conditions de travail, comme du reste de l'emploi, dans les aspects qualitatifs autant que quantitatifs.

L'accord collectif dérogatoire – défini par un degré élevé d'autonomie à l'égard des sources d'amont – aura ici un rôle

1. Jacques Barthélémy (2020) : *Construction de l'accord collectif*, Lamy, « Axe Droit ».

décisif à jouer. Le recours à un accord à durée limitée assorti de solutions prenant des distances à l'égard de certaines dispositions conventionnelles de branche peut être un moyen de résoudre les difficultés, ne serait-ce qu'en concrétisant une période transitoire au-delà de laquelle, au vu des tendances des révolutions techniques et de l'adaptation des mentalités, un nouveau « statut collectif » pourrait plus aisément se construire.

Ce qui précède exige une plus grande rigueur dans le recours à l'accord de méthode et dans la confection de son contenu afin que les principes qui le gouvernent – équilibre des pouvoirs entre les parties, comportement loyal des négociateurs, exigences favorisant la bonne foi dans l'exécution de l'accord – puissent déboucher sur un ensemble contractuel décliné comme un outil de gestion de l'entreprise, conçue d'autant plus ici de manière extensive que la seule référence au capital social et à ses détenteurs fait des salariés des tiers.

PARTIE 3

Construire un droit de l'activité professionnelle

De grandes mutations apparaissent au sein du travail indépendant avec l'émergence de modes de subordination économique extrême. Le déséquilibre apparaît fort entre les protections dont bénéficie le travailleur selon qu'il est salarié ou indépendant (chapitre 3). Un nouveau droit, celui de l'activité professionnelle, protégeant le travailleur et plus seulement le salarié, est la réponse adaptée à cette iniquité (chapitre 4).

CHAPITRE 3

De grandes mutations en cours

Les mutations technologiques en cours sont souvent présentées comme pouvant aboutir à une substitution progressive de l'emploi salarié par l'emploi indépendant fortement subordonné sur le plan économique, les travailleurs des plateformes constituant l'image caricaturale de ces nouvelles formes d'emploi. Cette transformation, qui aboutirait à ce que certains nomment une « ubérisation » de l'économie, nourrit des inquiétudes légitimes compte tenu des protections appauvries dans de multiples domaines de ces nouveaux emplois indépendants par rapport aux emplois salariés. Pour autant, cette inquiétude est basée sur un constat erroné : l'emploi salarié n'est pas menacé par la progression de l'emploi indépendant. Mais au sein de l'emploi indépendant, des mutations sont en cours avec l'émergence d'emplois fortement subordonnés sur le plan économique. Le déséquilibre en termes de protection dont pâtissent ces emplois économiquement très subordonnés en comparaison de l'emploi salarié appelle des changements réglementaires.

L'emploi indépendant ne menace pas l'emploi salarié

Sur les deux dernières décennies, des changements réglementaires ont été opérés dans certains pays de l'OCDE concernant l'emploi indépendant. Deux types de pays peuvent être distingués à cet égard.

Tout d'abord, quelques pays ont ponctuellement ajusté les régulations concernant l'emploi indépendant ou introduit des changements concernant les écarts de traitement social et fiscal entre salariés et non-salariés. Dans certains de ces pays comme la République tchèque depuis 2004, l'Autriche depuis 2008 ou l'Italie depuis 2012, le principal objectif de ces changements était explicitement de réduire le nombre de non-salariés dont les modes de travail étaient proches de ceux de salariés mais dont le statut de non-salariés permettait de bénéficier d'avantages sociaux ou fiscaux spécifiques en comparaison des obligations concernant les emplois salariés. Dans ces pays, les réformes concernées ont fait disparaître tout ou partie des écarts entre les obligations sociales et fiscales concernant ces deux types de travailleurs (voir à cet égard OCDE, 2019[1]).

Dans quelques rares autres pays de l'OCDE, de fortes incitations ont été déployées en faveur de l'emploi indépendant. Comme indiqué par l'OCDE (2019, *op. cit.*), de telles politiques ont essentiellement été déployées dans trois pays : les Pays-Bas, le Royaume-Uni et la France. Dans ces trois pays, les deux objectifs visés étaient de provoquer ainsi un choc d'offre pouvant dynamiser l'activité et l'emploi, et d'inciter

1. OCDE (2019) : *The Future of Work*.

au passage de certains emplois informels vers des formes de travail déclaré.

Aux Pays-Bas, différentes dispositions fiscales en faveur de l'emploi indépendant ont été déployées ou amplifiées à partir de 2001 (voir à ce sujet Bosch et de Boer, 2017[1]). En particulier, trois changements ont été successivement opérés. La réforme de 2001 a réduit les taux marginaux d'imposition concernant les revenus du travail et l'introduction d'un crédit d'impôt forfaitaire a contribué à une réduction du taux d'imposition favorable aux bas revenus, ce qui a pu bénéficier davantage aux indépendants qu'aux salariés. Par ailleurs, une exemption fiscale a été introduite et amplifiée en 2001 et 2005, en particulier pour les indépendants aux revenus faibles. Cette exemption fiscale a davantage concerné les indépendants que les salariés. Une troisième réforme introduite en 2007 a réduit le revenu imposable des indépendants. Elle a été justifiée par le fait que les indépendants étaient soumis à une double imposition : la première sur les profits de leur entreprise et la seconde sur leur propre revenu. Cette exemption fiscale a été amplifiée sur la période 2007-2010. Au-delà de ces réformes, les contributions sociales sont plus basses pour les indépendants que pour les salariés. L'OCDE (2019, *op. cit.*) estime que, en conséquence de ces réformes, pour un même revenu net, le coût du travail est environ 30 % plus élevé pour un salarié que pour un indépendant[2].

1. Nicole Bosch et Henk-Wim de Boer (2017) : « The Elasticity of Taxable Income for the Self-Employed: Heterogeneity across Reforms and Income Levels », *CPB Discussion Paper*, n° 354, 14 juin.
2. Pour une présentation détaillée du système de prélèvements sociaux et fiscaux aux Pays-Bas, voir Anna Milanez et Barbara Bratta (2017) : « Taxation and the Future of Work: How Tax Systems Influence Choice of Employment Form », *OECD Taxation Working Papers*, n° 41.

Les réformes introduites depuis 2001 ont ainsi déployé de fortes incitations en faveur du travail indépendant par rapport au travail salarié.

Au Royaume-Uni, des incitations au travail indépendant ont été déployées et amplifiées depuis le début des années 2000 (voir à ce sujet Adam *et al.*, 2017[1]). En 2000-2002 puis en 2002-2006, les plus bas taux d'imposition sur les profits ont été encore abaissés. Une telle baisse a aussi été décidée en 2016-2017 sur les premiers 5 000 £ de dividendes. En 2014, les contributions sociales ont été abaissées sur les premiers 2 000 £ de revenus. L'impact de ces réformes a été amplifié par le fait que les autoentrepreneurs et les indépendants peuvent répartir les profits de leur entreprise sur plusieurs individus (par exemple avec un conjoint), ce qui réduit leur taux d'imposition global moyen compte tenu de la progressivité individuelle du taux marginal. De plus, l'éligibilité à des dispositifs comme l'impôt négatif (le *working tax credit*, dont la logique est proche de celle de la prime d'activité française) nécessite un nombre d'heures de travail hebdomadaire minimum, cette condition étant toutes choses égales par ailleurs plus facile à atteindre pour un indépendant qui autodéclare ses heures de travail que pour un salarié. Ces réformes ont été déployées avec l'objectif explicite de promouvoir le travail indépendant et d'inciter à sa déclaration.

En France, un nouveau statut d'autoentrepreneur – initialement créé par la « loi Madelin » en 2008 et déployé dès 2009 – est remplacé en 2011 par le statut de microentrepreneur.

---

1. Stuart Adam, Hellen Miller et Thomas Pope (2017) : « Tax, Legal Form and the Gig Economy », *IFS Green Budget 2017*, Report from the Institute for Fiscal Studies, chap. 7, 7 février.

Le statut simplifie à l'extrême toutes les formalités administratives de création et d'organisation d'une entreprise. Le calcul des contributions sociales et fiscales y a aussi été simplifié en prenant la forme d'un taux uniforme sur le chiffre d'affaires. Ce taux est par ailleurs bas comparé à celui auquel sont en moyenne soumises les entreprises traditionnelles. Un seuil de chiffre d'affaires limite ces avantages potentiels aux petites entreprises. Le statut d'auto- et de microentrepreneur a connu trois types de changements en 2011 et 2015. Tout d'abord, le seuil d'activité a été relevé. Ensuite, le taux de prélèvement a été abaissé. Enfin, de nouvelles taxes ont été ajoutées, parmi lesquelles une taxe locale. Même après ces changements, le taux de contribution global demeure avantageux et l'Insee (2020[1]) évalue à presque 1 million le nombre de micro-entrepreneurs à la fin de 2017.

Il apparaît que ces trois pays (Pays-Bas, Royaume-Uni et France) dans lesquels des réformes importantes ont été déployées pour promouvoir le travail indépendant et l'auto-entrepreneuriat sont, parmi les 36 pays de l'OCDE, les seuls dans lesquels la part de l'emploi indépendant dans l'emploi total a augmenté sur les deux dernières décennies. Cette augmentation s'y amorce d'ailleurs au moment du déploiement des réformes, après une stabilité ou même un déclin : la part de l'emploi indépendant dans l'emploi total passe ainsi aux Pays-Bas de 14,9 % en 2003 à 16,4 % en 2019, au Royaume-Uni de 12,2 % en 2000 à 15,5 % en 2019 et en France de 8,9 % en 2008 à 10,5 % en 2019. Il apparaît également que la part de l'emploi non salarié est stable depuis 2014, ce qui y suggère un épuisement de l'effet des politiques visant

1. Insee (2020) : *Emploi et revenue des indépendants*, « Insee Références ».

Graphique 3. Part de l'emploi non salarié dans l'emploi total, ensemble de l'économie (en %)

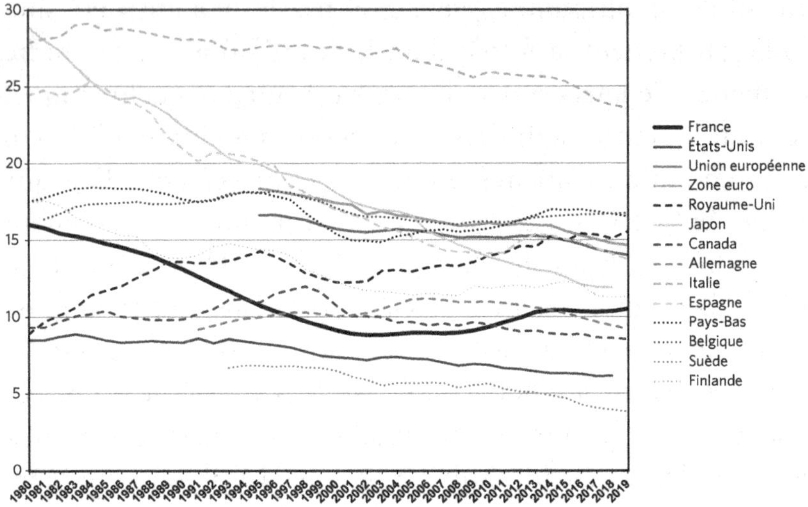

Source : OECD STAN Database.

à y promouvoir le travail indépendant. Dans les 33 autres pays de l'OCDE, cette part est stable ou en déclin depuis au moins le début des années 2000. Le graphique 3 illustre pour une dizaine de pays de l'OCDE ce contraste entre les 3 pays très spécifiques où, sur les deux dernières décennies, la part des non-salariés dans l'emploi total augmente et les autres pays où cette part est stable ou diminue.

L'angoisse d'une « cannibalisation » de l'emploi salarié par l'emploi non salarié du fait des évolutions technologiques et par exemple de l'émergence des plateformes est donc démentie par les faits. Et dans les trois seuls pays de l'OCDE où la part de l'emploi non salarié dans l'emploi total augmente, ce particularisme est lié au déploiement de politiques visant à promouvoir l'autoentrepreneuriat et l'emploi indépendant *via* des incitations en termes de prélèvements sociaux et fiscaux, ou *via* des simplifications réglementaires. La question se pose de savoir quel a été l'impact de ces politiques : un effet d'offre dynamisant certaines activités et certaines formes d'emploi, la déclaration d'activités et d'emplois précédemment informels, ou une substitution au détriment de l'emploi salarié ? Les deux premières de ces trois options correspondent aux objectifs déclarés de ces politiques. Une analyse économétrique proposée par Cette et Lopez (2020[1]) montre que, dans les trois pays, l'effet principal est une substitution au détriment de l'emploi salarié. Ce résultat suggère que ces politiques ont échoué à satisfaire leurs deux objectifs visés.

Les niveaux du recours au travail non salarié diffèrent fortement entre pays. La France fait partie des pays dans lesquels la part des non-salariés dans l'emploi total est, en 2017, la plus faible (graphique 4). Elle est ainsi nettement inférieure (de près de 5 points) à celle observée en moyenne dans l'ensemble des pays de la zone euro, de l'Union européenne et de l'OCDE. L'analyse proposée par Barthélémy et Cette (2017, *op. cit.*) sur les 12 pays les plus avancés de l'OCDE montre que les écarts constatés concernant la part des non-salariés dans l'emploi total en 2017 tiennent principalement aux non-salariés du secteur tertiaire et pour une très faible part aux non-salariés dans les 3 autres grands secteurs, agriculture, construction et industrie. Pour ces pays, les écarts des parts de l'emploi non salarié ne tiennent donc pas, à titre principal, à des différences de structures sectorielles et par exemple à l'importance relative du secteur agricole. Ils s'expliquent presque totalement par des différences de recours au travail non salarié dans le seul secteur tertiaire.

1. Gilbert Cette et Jimmy Lopez (2020) : *Promoting Self-Employment: Does It Create More Employment and Business Activity?*, Mimeo, octobre.

Graphique 4. Part de l'emploi non salarié dans l'emploi total, ensemble de l'économie (en %)
En 2019 (* 2018 ; ** 2017)

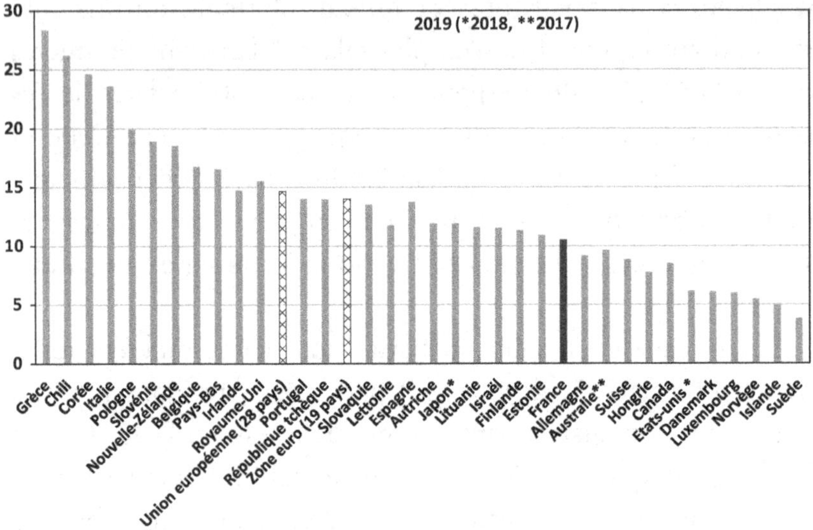

Source : OECD STAN Database.

L'émergence de nouvelles formes d'emplois indépendants

L'emploi non salarié est souvent perçu comme étant réalisé par des travailleurs peu qualifiés et surtout peu diplômés. Cette vision est démentie par l'analyse statistique que nous avons proposée dans Barthélémy et Cette (2017, *op. cit.*). Le niveau de qualification moyen des salariés et des non-salariés s'élève continûment sur les dernières décennies, la part des diplômés du supérieur augmentant aux dépens de la part des non-diplômés ou dont le diplôme le plus élevé est équivalent au CEP, la part de la catégorie intermédiaire allant du CEP au bac demeurant à peu près stable. Au-delà de cette élévation moyenne du niveau de diplômes, il apparaît que cette progression est plus forte pour les non-salariés que pour les salariés et que la hiérarchie en termes de qualification moyenne se renverse sur la période. Depuis au moins le début de la dernière décennie 2010, les non-salariés sont, en moyenne et dans une grande majorité des pays les plus avancés, plus souvent diplômés du supérieur que les salariés, l'écart relatif s'étant même amplifié dans de nombreux pays dont par exemple la France, l'Allemagne où il est particulièrement élevé, et les Pays-Bas. À l'exception de rares pays comme le Royaume-Uni, le travail non salarié correspond donc de nos jours à des niveaux de formation supérieurs en moyenne à ceux du travail salarié, ce qui est bien sûr très loin de l'image fréquemment véhiculée d'un travail non salarié peu qualifié et gratifiant.

Une telle élévation du niveau relatif de formation des non-salariés par rapport aux salariés suggère une transformation du contenu relatif des emplois concernés. Plus encore que pour les salariés, les non-salariés d'hier étaient peu diplômés, tandis que ceux d'aujourd'hui le sont davantage. Dans l'ensemble, cette qualification croissante de la population en emploi montre que la polarisation observée sur les niveaux de salaires, qui correspond à une baisse de la part relative des rémunérations médianes, n'est pas associée à une même polarisation concernant les niveaux de diplômes, la part relative des plus bas niveaux de diplômes se contractant. Une telle polarisation sur les salaires, observée dans différents pays par Autor et Handel (2013[1]), Goos, Manning et

1. David Autor et Michael Handel (2013) : « Putting Tasks to the Test: Human Capital, Job Tasks, and Wages », *Journal of Labor Economics*, vol. 31, n° 2, p. S59-S96.

Salomons (2014[1]), Autor (2015[2]), est confirmée sur la France par Catherine, Landier et Thesmar (2015[3]). Elle est présentée par ces auteurs comme liée aux évolutions technologiques et en particulier au développement de l'économie numérique. Ce développement est souvent associé à de grands risques technologiques (pour une synthèse, *cf.* OCDE, 2016[4], ou Goos, 2018[5]). Dans un grand nombre d'analyses, la baisse de la part relative des rémunérations médianes est associée à une hausse de la part relative des rémunérations basses ou élevées. Mais d'autres analyses plus récentes suggèrent plutôt une stabilité de la part des rémunérations basses, qui ne serait donc pas impactée par le progrès technique, et une augmentation des seules rémunérations élevées au détriment des rémunérations moyennes[6]. Cette stabilité de la part des rémunérations basses est d'autant plus à souligner qu'elle se produit sur une période de baisse assez générale du taux de chômage, qui concerne plus particulièrement les emplois les moins qualifiés et de renforcement de politiques favorables à l'emploi des moins qualifiés, qui a par exemple pris la forme des baisses de contributions

1. Maarten Goos, Alan Manning et Anna Salomons (2014) : « Explaining Job Polarization: Routine-Biaised Technological Change and Offshoring », *American Economic Review*, vol. 104, n° 8, p. 2509-2526.
2. David Autor (2015) : « Why Are There Still So Many Jobs? The History and Future of Workplace Automation », *Journal of Economic Perspective*, vol. 29, n° 3, p. 7-30.
3. Sylvain Catherine, Augustin Landier et David Thesmar (2015) : *Marché du travail : la grande fracture*, Institut Montaigne, février.
4. OCDE (2016) : « Automatisation et travail indépendant dans une économie numérique », *Synthèse sur l'avenir du travail*, Paris, Éditions OCDE.
5. Maarten Goos (2018) : « The Impact of Technological Progress on Labour Markets: Policy Challenges », *Oxford Review of Economic Policy*, vol. 34, n° 3, p. 362-375.
6. Voir par exemple Vahagn Jerbashian (2019) : « Automation and Job Polarization: On the Decline of Middling Occupations in Europe », *Oxford Bulletin of Economics and Statistics*, vol. 81, n° 5, p. 1095-1116.

sociales employeurs ciblées sur les bas salaires en France, ou de développement subventionné des minijobs en Allemagne. Mais certaines composantes des changements technologiques comme la robotisation pourraient cependant réduire la part des plus basses rémunérations dans l'emploi, ce que montrent Graetz et Michaels (2018[1]). Ces observations suggèrent que les effets du progrès technique sont clairement une substitution des emplois à rémunérations moyennes au profit d'emplois à rémunérations plus élevées, sans impacts affirmés, clairs et consensuels sur les emplois à faibles rémunérations.

La proportion des diplômés du supérieur parmi les non-salariés est cependant très variable selon les pays. En moyenne sur la première moitié de la décennie 2010, elle est la plus faible en Italie (environ 25 %), en Suède et au Danemark (environ 30 %), et finalement en Espagne (environ 35 %). Elle est donc sans relation avec le développement même de l'emploi non salarié, puisque l'Italie et l'Espagne sont deux pays connaissant une forte proportion de non-salariés dans l'emploi total et, à l'inverse, la Suède et le Danemark faisant partie des pays où cette proportion est faible. Au sein des plus grands pays avancés, la proportion des diplômés du supérieur parmi les non-salariés est la plus élevée en Allemagne (plus de 45 % contre moins de 30 % parmi les salariés) et aux États-Unis (près de 50 % contre moins de 45 % pour les salariés). La France et les Pays-Bas se positionnent dans une situation plus basse (près de 40 % contre moins de 35 %), ainsi que le Royaume-Uni qui exhibe une hiérarchie inverse (environ 35 % contre 40 %).

---

1. Georg Graetz et Guy Michaels (2018) : « Robots at Work », *The Review of Economics and Statistics*, vol. C, n° 3, décembre, p. 753-768.

Par-delà ces contrastes, une même mutation de l'emploi non salarié apparaît nettement parmi les pays les plus avancés, allant dans le sens d'un renforcement de sa qualification relative. Ainsi, l'emploi non salarié régresse en général dans les activités où l'emploi est faiblement qualifié tandis qu'il progresse dans d'autres activités où il est au contraire relativement plus qualifié que la moyenne des emplois sur l'ensemble de l'économie. Le secteur d'activité à cet égard le plus caractéristique est celui des activités spécialisées scientifiques et techniques qui contribue significativement dans de nombreux pays à la progression de la part des non-salariés dans l'emploi total et où le niveau de qualification moyen est très élevé. Les travailleurs concernés y bénéficient sans doute, du fait de leur très grande qualification, d'un fort degré d'autonomie. Ce dernier constat est évidemment essentiel pour la réflexion concernant l'adaptation souhaitable des normes.

L'analyse des caractéristiques des travailleurs non salariés a été menée par Barthélémy et Cette (2017, *op. cit.*) pour plusieurs pays parmi les plus avancés, dont la France, à partir de régressions logistiques réalisées sur l'ensemble des travailleurs (salariés et non-salariés) sur l'année 2014. Il en ressort un même constat dans les différents pays. Par rapport aux salariés, les non-salariés, de façon statistiquement significative et « toutes choses égales par ailleurs », sont plus souvent des hommes, sont plus âgés, ont plus souvent la charge d'au moins un enfant, ont moins souvent un conjoint salarié et plus souvent un conjoint non salarié ou inactif, sont plus souvent dans l'agriculture, la construction ou le tertiaire, ont plus fréquemment le bac et encore plus fréquemment un diplôme du supérieur.

Un des traits caractéristiques des évolutions de l'emploi indépendant sur les dernières années est donc le développement d'emplois très qualifiés, occupés par des personnes très diplômées et dont une activité typique est la prestation de services spécialisés (juridiques, informatiques...). Les travailleurs concernés sont finalement assez proches, dans leurs conditions de travail, des salariés les plus qualifiés au forfait jours : ils bénéficient d'une grande autonomie facilitée par l'usage d'outils de mobilité (les TIC) et d'une forte interpénétration entre l'activité professionnelle et la vie personnelle. Simultanément, on observe le développement d'emplois fortement subordonnés sur le plan économique *via* l'utilisation de plateformes numériques[1]. Deux types d'activités sont ici particulièrement concernés : le transport urbain par les VTC et la livraison. D'autres activités qui mobilisent également les plateformes numériques comme la location d'appartement ne développent pas des formes extrêmes de subordination économique. L'indépendance de ces travailleurs des VTC et de la livraison paraît faible et leur subordination paraît forte en comparaison avec les autres indépendants fortement qualifiés évoqués précédemment. En effet, ces travailleurs des plateformes n'ont par exemple pas le choix de leurs clients, de leurs tarifs et des conditions d'exécution de leurs prestations. C'est à ces types de travailleurs fortement subordonnés au plan économique que l'on s'intéresse ici en priorité.

---

1. Sur l'historique du développement de ces plateformes en France, voir entre autres, parmi de nombreux travaux, Nicolas Amar et Louis-Charles Viossat (2016) : *Les Plateformes collaboratives, l'emploi et la protection sociale*, rapport Igas, n° 2015-121R, mai. Voir aussi Olivia Montel (2017) : « L'économie des plateformes : enjeux pour la croissance, le travail, l'emploi et les politiques publiques », Dares, Document d'études, n° 213, août.

Babet (2019[1]) souligne que le nombre des travailleurs des plateformes, difficile à évaluer, serait de l'ordre de 100 000 en France en 2017, soit 0,4 % environ de l'emploi total. Un quart environ de ces emplois seraient des conducteurs de VTC. Il s'agit ici de l'emploi à titre principal, qui ne prend pas en compte des activités occasionnelles d'autres personnes. Ces indépendants liés à une plateforme sont, comparés aux autres indépendants, plus souvent microentrepreneurs, plus nombreux à être passés récemment par le chômage, à être inscrits à Pôle emploi, et à chercher un autre emploi. Ils travaillent en moyenne moins d'heures par semaine, alors qu'ils souhaiteraient plus souvent que les autres travailler plus. Enfin, ils ont des revenus plus faibles, ce qu'ils citent plus souvent comme étant leur principale difficulté. Ils sont également plus jeunes et plus souvent immigrés ou d'origine immigrée[2].

Ces emplois fortement subordonnés sur le plan économique représentent donc une part faible de l'emploi total, qui n'est probablement pas appelée à se développer fortement compte tenu des domaines très spécifiques des activités concernées. Pour autant, le déséquilibre de droits dont pâtissent ces emplois en comparaison des salariés appelle des ajustements dont certains sont en cours.

1. Damien Babet (2019) : « L'emploi lié aux plateformes : un phénomène difficile à mesurer », annexe 5 du rapport 2019 du Groupe d'experts sur le Smic.
2. Les analyses réalisées sur d'autres pays aboutissent à des constats similaires. Voir par exemple pour les travailleurs Uber au Royaume-Uni, Thor Berger, Carl Benedikt Frey, Guy Levin et Santosh Rao Danda (2019) : « Uber Happy? Work and Wellbeing in the "Gig Economy" », *Economic Policy*, juillet, p. 429-477.

Des droits et protections appauvris

Les droits et protections appauvris des travailleurs indépendants fortement subordonnés sont souvent réduits dans le débat public à certaines protections sociales comme l'indemnisation du chômage ou la retraite. Si la couverture sociale de ces travailleurs est effectivement très inférieure à celle des salariés, le déséquilibre entre ces deux catégories de travailleurs est beaucoup plus large[1]. Il concerne au moins trois domaines supplémentaires.

Tout d'abord, la rémunération minimale. Une rémunération minimale est garantie aux salariés par des dispositions conventionnelles, comme les *minima* de branche, mais aussi par des dispositions légales comme le salaire minimum national. Rien de tel n'existe en France concernant les indépendants économiquement subordonnés[2]. Dans certains pays européens

1. Voir à cet égard OCDE (2019) : *Perspectives de l'emploi de l'OCDE 2019. L'avenir du travail.*
2. Ainsi, la communication d'Uber fait état d'une rémunération qui peut être inférieure au niveau du Smic horaire. Dans l'exemple avantageux de Karim donné sur son propre site, cette plateforme indique que le revenu net mensuel d'un conducteur serait en 2017 de 2 000 € pour des heures de connexion s'étendant du mercredi au lundi de 4 à 13 heures. Outre leur caractère peu social car ils couvrent le week-end, empiètent sur la nuit et sont en conséquence difficilement compatibles avec une vie familiale, de tels horaires correspondent à cinquante-quatre heures de connexion hebdomadaire. Le salaire mensuel net d'un salarié au Smic à trente-cinq heures de travail hebdomadaire était alors d'environ 1 150 €. Dans ce cas qui est présenté avantageusement par la plateforme, et en prenant en compte les majorations légales prévues pour les salariés en ce qui concerne les heures supplémentaires, le conducteur Uber a donc un revenu net horaire sur l'ensemble de ses heures de connexion à peu près équivalent au Smic. Des cas moins avantageux aboutissent à un revenu net horaire inférieur au Smic. Voir : « Jusqu'à combien peut gagner un chauffeur avec l'application Uber ? », Uber Blog. La plateforme de

comme la Pologne, le Royaume-Uni, les Pays-Bas, l'Allemagne ou l'Italie, des dispositions réglementaires ont pu être prises en ce sens ou sont en cours de discussion pour certains types d'indépendants économiquement subordonnés[1]. Ces dispositions y concernent parfois une catégorie de travailleurs, intermédiaires entre salariés et indépendants, la création d'une telle catégorie ne nous paraissant cependant pas (ou plus) pertinente (*cf. infra*).

Ensuite, les protections concernant les conditions de travail. Les salariés sont protégés en ce domaine par des dispositions légales nationales ou supranationales (et en particulier européennes) concernant par exemple les durées du travail maximales et le droit au repos. Rien de tel ne protège le travailleur indépendant économiquement subordonné, dont les temps de travail peuvent actuellement être très longs. Dans son rapport de médiation, Jacques Rapoport (2017[2]) signale ainsi que le modèle des VTC n'est économiquement viable que pour une durée travaillée d'au moins soixante heures hebdomadaires. Une publication de l'Anact (2019[3]) signale les très longs temps travaillés par les coursiers et livreurs. La mesure

---

livraison Deliveroo indiquerait en 2018 que le livreur moyen travaillerait quinze heures par semaine pour une rémunération brute horaire moyenne 40 % supérieure au Smic. *Cf.* : « Combien peut gagner un coursier à vélo chez Deliveroo » (bfmtv.com). Cette évaluation ne prend pas en compte les temps d'attente et de repos entre les courses. Et les modèles de rémunérations sont très diversifiés selon les plateformes. Voir par exemple en 2020 dans la livraison : « Comment les Foodtechs rémunèrent-elles leurs livreurs ? » (maddyness.com).

1. Pour plus de détails, voir le chapitre 5 (« Une rémunération minimale pour certains travailleurs indépendants ? ») du rapport 2019 du Groupe d'experts sur le Smic (*op. cit.*).

2. Jacques Rapoport (2017) : *Médiation VTC*, rapport, janvier.

3. Élisabeth Leblanc, Bruno Cuvillier et Sabrina Rouat (2019) : « Coursier à vélo de l'ubérisation », *Revue des conditions de travail*, Anact, septembre.

de ces temps de travail est d'ailleurs difficile, car elle peut ou non intégrer les temps d'attente entre les prestations, ou par exemple de retour à la base pour les coursiers. Pourtant et malgré l'indépendance technique du non-salarié, l'idée d'une durée maximale pouvait se justifier en tenant compte de ce qu'elle est l'expression du droit de la santé, droit fondamental.

Enfin, les conditions de la séparation. Le salarié licencié peut contester devant les juridictions du travail les motivations de son licenciement individuel et être indemnisé si ces motivations ne répondent pas à des causes réelles et sérieuses. Le travailleur indépendant d'une plateforme peut être déconnecté par cette dernière sans que des motivations soient formulées. Son seul recours est alors celui des juridictions commerciales pour faire valoir une rupture injustifiée de relation commerciale, ce qui est plus complexe et sans doute beaucoup plus incertain, voire une action en vue de la requalification de sa relation avec le donneur d'ordres en contrat de travail au vu d'un état de subordination juridique (au plan des conditions de travail).

Au-delà, les risques financiers liés à l'activité professionnelle peuvent aussi être déséquilibrés. L'outil de travail du salarié est fourni par l'employeur, tandis que celui de l'indépendant est apporté par ce dernier. Pour un indépendant fortement subordonné, cette différence peut être forte. C'est particulièrement le cas dans la livraison et surtout dans le domaine des VTC, l'outil de travail étant alors un véhicule dont le coût peut être important, d'autant que la qualité du véhicule est normée par des dispositions réglementaires[1]. Ce déséquilibre

1. Voir à cet égard la tribune Télos de Gilbert Cette et Gépy Koudadje (2019) : « Taxis et VTC : une réforme est indispensable ».

n'est d'ailleurs pas seulement entre salariés et indépendants : le chauffeur de taxi indépendant peut travailler sous licence d'une compagnie qui fournit le véhicule, alors que le conducteur de VTC financera son véhicule au prix souvent d'un endettement élevé.

Une réduction de ces déséquilibres est souhaitable pour que le travailleur indépendant économiquement subordonné dont les conditions de travail se rapprochent de celles d'un salarié peu qualifié ne pâtisse pas de protections fortement abaissées en comparaison avec ce salarié. Même si la question est quantitativement limitée en termes de nombre de travailleurs concernés, la préoccupation est ici celle de l'équité, mais aussi celle de la santé.

CHAPITRE 4

Vers un droit de l'activité professionnelle[1]

Le droit positif du travail (tel qu'il résulte de l'arsenal législatif et réglementaire principalement) a été conçu en fonction des modes hiérarchiques d'organisation du travail et, partant, de l'entreprise. Il sera, de ce fait, de plus en plus inadapté aux modes nouveaux naissant du numérique, de l'intelligence artificielle et s'imposant sans cesse davantage en raison de la sophistication continue des technologies. Cela d'autant plus que ces technologies favorisent plus de libertés du travailleur, en ce qui concerne aussi bien son autonomie dans l'exécution des tâches que ses temps de travail, dans leur aspect qualitatif principalement (c'est-à-dire répartition et aménagement des horaires).

Ces évolutions appellent donc des changements profonds aboutissant à la construction d'un droit de l'activité

1. Nous reprenons ici, en les actualisant et en les prolongeant fortement, des propositions avancées dans notre ouvrage *Travailler au* XXIe *siècle, op. cit.*

professionnelle, protégeant le travailleur et pas seulement le salarié. Mais la réflexion sur ces changements nécessite de se pencher sur la question de la subordination du travail et en conséquence sur le concept de subordination, critère déterminant dans l'élaboration d'un nouveau droit de l'activité professionnelle, prolongement de l'actuel droit du travail. La négociation a un rôle central à jouer dans la construction et l'organisation de ce droit de l'activité professionnelle. Enfin, le cas des travailleurs des plateformes évoqué dans le précédent chapitre mérite un développement spécifique, en rapport d'ailleurs avec l'actualité.

Des changements indispensables

Les organisations modulaires du travail rendent peu à peu des normes légales et réglementaires (banalisées parce que s'appliquant à tous) difficilement compatibles avec les normes et surtout l'individualisation des rapports de travail que ces organisations engendrent. Et cela ira croissant au fur et à mesure que se modifieront les comportements, les attitudes, conséquence d'une culture nouvelle. Lors des auditions préalables à la confection de notre précédent ouvrage, un jeune salarié nous avait dit : « mon grand-père a travaillé toute sa vie dans la même entreprise ; mon père successivement avec plusieurs ; ce à quoi j'aspire, au nom de la liberté, c'est de travailler avec plusieurs simultanément ». Cette aspiration est-elle compatible avec un droit de la rupture du contrat fondé sur le caractère suspect du licenciement et un droit du contrat à temps partiel fondé sur la certitude que cette forme de travail est néfaste aux intérêts du travailleur ?

Au vu de ce qui précède, les réformes proposées ici ou là, et par exemple par le rapport Frouin (2020[1]), pèchent par un défaut majeur : celui de proposer des évolutions demeurant dans un droit du travail (le code) conçu dans et pour la civilisation de l'usine. Étant donné que celle-ci cède peu à peu le pas à la civilisation du savoir, il est nettement préférable de conduire une réflexion de fond sur la déclinaison, dans une approche ingénierale, de droit fondamentaux de l'homme qui doit créer des normes impossibles à contourner, ce que le rapport de Badinter et Lyon-Caen (2015, *op. cit.*) avait comme ambition et, à ce titre, doit être salué positivement. Au-delà, le droit des relations tant individuelles que collectives doit évoluer fortement. C'est au vu de ce qui précède que doit être saluée positivement l'évolution récente (notamment par les lois Bertrand en 2008, El Khomri en 2016 puis les ordonnances Travail en 2017) favorisant un droit du travail plus contractuel, sans affecter sa fonction protectrice génétique, grâce à une place prééminente du tissu conventionnel. Cela permet en effet, grâce à des normes adaptées aux contextes et aux objectifs, de mieux concilier efficacité économique – dont dépend notamment l'emploi – et protection du travailleur, dès lors que par le dialogue social et la négociation collective est assuré l'équilibre des pouvoirs entre les parties. Et cela d'autant plus qu'est imposée la mise en place, avant d'engager la négociation sur le fond, des règles de conduite du dialogue social qui permettent aussi de promouvoir un comportement loyal des négociateurs ainsi que de favoriser l'exécution de bonne foi des textes signés[2].

1. Jean-Yves Frouin (2020) : *Réguler les plateformes numériques de travail*, rapport au Premier ministre, 1er décembre.
2. Jacques Barthélémy (2020), *op. cit.*

C'est d'autant plus dans cette démarche faite d'inventivité que nous nous situons dans cet ouvrage qu'elle s'inspire en partie de nos propres travaux. Deux orientations fondamentales composent cette démarche. Tout d'abord l'idée que ce ne sont pas aux réalités de s'adapter à des normes préexistantes conçues dans la société de l'usine mais aux normes d'accompagner par leurs transformations les évolutions de cette réalité. Ensuite, qu'afin de concilier au mieux leur rôle protecteur et l'efficacité économique, l'adaptation continue de ces normes doit être le fruit d'un réel dialogue social. Et dans ce contexte, l'idée de supplétivité et le dépassement de la représentativité de droit par l'audience dans les élections professionnelles sont en totale harmonie avec le principe d'une autonomie du tissu conventionnel au-delà de ce qui est en relation directe avec les droits fondamentaux. Parce que cela confère une place plus importante à la convention collective (et à l'accord collectif) dans la concrétisation du droit du travail, on favorise la pleine puissance du droit à la négociation collective et au dialogue social qui est un droit fondamental, au demeurant pas seulement en droit interne mais également à l'échelle de l'Union européenne, de l'Europe élargie et même au niveau mondial (OIT).

Au vu de cette ambition, est indispensable de revisiter les critères définissant le contrat de travail fondé aujourd'hui sur la subordination juridique – au plan des seules conditions de travail, certes – alors que ce qui sera de plus en plus déterminant compte tenu des progrès technologique, c'est la dépendance économique susceptible de vicier le consentement réel de la partie faible du contrat, c'est-à-dire dans les faits le travailleur. Et cela d'autant plus que les modes nouveaux d'organisation du travail rendus possibles – et plus performants – par le numérique vont de plus en plus positionner les rapports individuels d'un « travailleur » autrement qu'avec un donneur d'ordres parfaitement identifiable et unique. Voilà pourquoi l'essentiel de notre réflexion prospective porte sur le dépassement du droit du travail par celui de l'activité professionnelle (dépassement et pas remplacement, c'est important à préciser) et, corollaire indispensable, par un rôle formidablement accru du dialogue social. Entre autres avantages, cette conception doit permettre, par l'ingénierie et la pratique, d'abandonner l'opposition radicale salariés/indépendants déclinant la suspicion à l'égard du « travailleur indépendant » (un salarié qui s'ignore pour beaucoup). Ce qui est essentiel, c'est de promouvoir un niveau de protection lié au degré d'autonomie (dont dépend que le contrat peut plus ou moins faire seul la loi des parties). À cet égard doit être mis en exergue le caractère aberrant de statut juridique identique pour l'ouvrier et le cadre supérieur, cela du fait de la référence à une vision obsolète du contrat de travail. Le droit actuel, qui avait pleinement sa justification dans la civilisation de l'usine (rappelons qu'à l'origine le droit du travail s'appelait « droit ouvrier »), a de moins en moins de pertinence – y compris dans sa fonction protectrice génétique – en raison des évolutions profondes et exponentielles des modes d'organisation du travail.

La mutation de la société est inévitable parce que les progrès technologiques sont à la fois continus et exponentiels. Le droit du travail (le « droit social » parce que celui de la sécurité sociale et de la protection sociale complémentaire en est aussi affecté) ne pourra toutefois évoluer en parallèle que si les comportements se modifient en conséquence. Or, c'est loin d'être gagné même si des expériences comme celle de la Covid-19 peuvent en être catalyseurs. On en voit la manifestation à partir de l'exemple du télétravail et c'est la raison pour laquelle nous avons consacré à ce sujet, dans le présent ouvrage, une partie entière.

En ne raisonnant l'impact des mutations technologiques sur les rapports de travail qu'en fonction du droit actuel du travail – et qu'il s'agisse du praticien ou du chercheur – le décalage entre les solutions induites entre le droit positif actuel et ce que sera demain l'entreprise mais aussi l'activité professionnelle ne pourrait que conduire à des complexités engendrant une judiciarisation excessive, contraire à l'efficacité et à la sérénité. Autrement dit, c'est aussi de sociologie du travail qu'il faut se préoccuper.

Ainsi, ce n'est pas aux nouvelles formes de travail qui naissent dans la société actuelle du numérique de s'adapter à un droit du travail conçu dans une société antérieure, la société de l'usine. Le droit du travail doit être vivant et c'est à lui de s'adapter pour que sa fonction protectrice concerne bien l'ensemble des travailleurs.

Un renouveau du droit du travail

Essai sur la parasubordination[1]

Au vu du caractère non homogène du « statut » de salarié et de ce que la relation d'un travailleur indépendant avec son cocontractant le positionne aussi dans un état de faiblesse

1. Jacques Barthélémy (2003) : « Essai sur la parasubordination », *Semaine sociale Lamy*, septembre.

rendant suspect son consentement, l'idée d'une catégorie intermédiaire entre salarié et indépendant a souvent été avancée. D'où le concept de parasubordination, d'autant plus pertinent que le professionnel parasubordonné[1] existe ailleurs, en Italie (les co.co.co.) depuis longtemps, au Royaume-Uni (les *workers*) et en Espagne depuis peu. Il vise à apporter un arsenal protecteur au travailleur dont l'état de dépendance économique est de nature à vicier le consentement et rend difficile que soit confié au seul contrat individuel le soin de définir la loi des parties.

Se pose alors la question des critères de la dépendance économique altérant le consentement. On songe immédiatement à un chiffre d'affaires d'un certain montant avec un même donneur d'ordres ou cocontractant. La tentation est grande d'adopter le taux de 50 %, solution retenue en Espagne. Mais, d'une part, on ne peut pas apprécier ce seuil à un instant donné d'autant qu'au début de son activité, un travailleur indépendant ne travaille qu'avec un nombre limité, voire avec un seul donneur d'ordres. C'est du reste la raison pour laquelle la loi Madelin a introduit la notion de subordination juridique permanente. D'autre part, ce seuil peut ne pas être pertinent pour certaines activités, en particulier intellectuelles. Par exemple, le règlement de l'Ordre des experts-comptables interdit, pour préserver l'indépendance technique du professionnel, qu'un seul client représente plus de 25 % du chiffre d'affaires du cabinet. En d'autres termes, même si un seuil minimum est un élément important, on ne saurait en faire systématiquement un critère, de surcroît exclusif. La négociation

1. *Cf.* Jacques Barthélémy (1996) : « Le professionnel parasubordonné », *JCP E*, 1er septembre, et Jacques Barthélémy (2008) : « Parasubordination », *Les Cahiers du DRH*, n° 143, mai, p. 27.

collective pourrait de ce fait contribuer à fixer des normes pour caractériser, en fonction du contexte (notamment de la branche, du réseau, du groupe ou de l'entreprise), la situation de dépendance économique.

Par ailleurs, on ne peut cerner cette catégorie intermédiaire que par la référence à la dépendance économique, sous-entendu d'un travailleur par ailleurs indépendant juridiquement, c'est-à-dire n'étant pas en état de subordination juridique au plan des conditions de travail qui identifie le contrat de travail du salarié. En effet, malgré la subordination juridique, la relation contractuelle peut être plus équilibrée, permettant de recourir à d'autres modes de protection qu'un droit du travail fondé sur l'état de « mineur social » du salarié. C'est le cas lorsque cette relation est marquée par un degré élevé d'autonomie, situation d'un cadre supérieur mais aussi de titulaires de certaines autres fonctions. Appliquer à tous le même arsenal protecteur que celui nécessaire pour l'ouvrier se traduit par une surprotection injustifiée dès lors que le contrat peut faire aisément la loi des parties.

L'indépendance technique, inhérente à l'exercice d'une profession libérale consacrée par des textes à caractère déontologique, mais aussi celle d'un chercheur inhérente à la finalité même de son travail, a aussi comme mérite de favoriser l'équilibre des pouvoirs, rendant plus aisé que le contrat individuel fasse seul la loi des parties. On notera au demeurant que l'indépendance technique – qui induit la responsabilité civile personnelle dans les actes professionnels, ce qui ne peut être le cas pour un salarié « ordinaire » du fait de la responsabilité, née du Code civil, des maîtres et commettants – ne peut qu'exiger, pour pouvoir s'exprimer pleinement, un degré élevé d'autonomie au plan des conditions de travail. Cela rend aussi critiquable l'application sans réserve des normes du Code du travail, d'autant que celles-ci portent atteinte, sans justification liée au consentement insuffisamment éclairé, à la liberté contractuelle héritée de l'article 4 de la Déclaration des droits de l'homme et du citoyen de 1789. Pour un professionnel libéral salarié, ceci a un sens, d'autant que son indépendance technique est dans certains cas garantie par l'institution ordinale et que cela a pour conséquence une déontologie dont le non-respect constitue une faute professionnelle. Voilà pourquoi il est important de souligner qu'en Allemagne, les travailleurs en état de subordination juridique au plan des conditions de travail mais bénéficiant d'indépendance technique entrent potentiellement dans la catégorie des *Leitende Angestellte* (relations allégées).

Le développement du champ du salariat se justifie moins aujourd'hui si l'on prend en compte qu'elle a des effets liberticides pour le travailleur. Ainsi, intégrer dans le champ du salariat (tel est l'objet de la partie VII du Code du travail) des travailleurs n'étant pas nécessairement en état de subordination juridique n'est pas (n'est plus) la solution pour deux raisons : d'abord ce n'est pas la catégorie de travailleurs qui doit être concernée mais la nature particulière des relations de tel travailleur avec son cocontractant ; à défaut, on sombre dans une dérive technocratique. Ensuite, cette attirance vers le Code du travail part du postulat – concevable dans la civilisation de l'usine, moins dans celle du savoir et du numérique qui se dessine – que la meilleure condition pour le travailleur, c'est le statut juridique et social de l'ouvrier.

Il faut, de ce fait, relier cette extension du champ du salariat à la sanction pénale du travail salarié dissimulé, attestant d'une culture ouvriériste dont le romantisme ne séduit plus les jeunes (friands du numérique) et en décalage avec l'aspiration légitime, au nom des droits fondamentaux et des libertés publiques, à plus d'autonomie, voire à l'indépendance. À cet égard, deux exemples. Tout d'abord celui des travailleurs à domicile. Les régions où cette forme de travail a prospéré sont généralement celles où, au XIXe siècle, l'anarchisme s'était implanté : l'expression « ni Dieu ni maître » s'y est traduite par le refus d'être aussi bien chef d'entreprise qu'ouvrier. Ensuite, celui des journalistes, caractérisés par une indépendance technique et pour lesquels de ce fait ont dû être inventés des dispositifs peu en harmonie avec le salariat, comme le retrait pour cause de conscience. On pourrait aussi citer les VRP, dont la différence avec l'agent commercial, travailleur non salarié, est difficile à identifier si on se positionne sur le terrain des droits fondamentaux. On peut même être stupéfait que, dans cette même partie VII du Code du travail, on ait (au lendemain de la Seconde Guerre mondiale, ce n'est pas inutile de le préciser eu égard à l'organisation de la société à l'époque) introduit, pour les artistes du spectacle, une présomption irréfragable de salariat, peu important – c'est courant – leur indépendance économique. Les évolutions des mœurs se mesurent au fait que, dans la loi sport de novembre 2015, on a introduit, à l'inverse, une présomption irréfragable de non-salariat pour les sportifs professionnels pratiquant un sport individuel comme le tennis ou le golf. Cette solution appelle aussi des critiques, non au vu des caractéristiques de cette activité, mais en raison de la qualification de droit, donc automatique, de non-salarié. Précédemment, la Cour de cassation avait eu l'occasion de préciser qu'un boxeur professionnel, exerçant aussi un sport individuel, est à ce titre travailleur indépendant au titre de son activité principale, pouvait (au vu d'éléments de fait) être qualifié de salarié pour une prestation d'exhibition car il est alors sous « l'autorité » de l'organisateur du spectacle.

Le professionnel parasubordonné est en Italie un travailleur exerçant une activité le plaçant en état de seule dépendance économique à l'égard d'un donneur d'ordres. On a vu prospérer dans le Milanais, grâce à un réseau de parasubordonnés en relation avec le créateur, les industries de l'habillement et de la chaussure de luxe qui ont disparu en France. En Allemagne, les juristes d'entreprise peuvent être des « *Rechtsandwälder* », c'est-à-dire des avocats grâce au statut de « *Leitende Angestellte* » pouvant s'appliquer à d'autres experts. Au demeurant, quel statut vont avoir les titulaires de fonctions essentielles imaginées par le règlement Solvency II destiné à sécuriser les droits des clients dans l'assurance, dont il est précisé par un texte européen que leur responsabilité personnelle est engagée, ce qui, en France, est incompatible avec le statut de salarié ? Le concept de parasubordination permettrait de résoudre la difficulté.

Le concept de professionnel parasubordonné pourrait aisément rassembler de ce fait les travailleurs en état de subordination juridique mais disposant, statutairement, réglementairement ou contractuellement, d'un degré élevé d'autonomie, donc de responsabilité ou d'une indépendance technique et les travailleurs indépendants juridiquement mais en état de dépendance économique, tels sous-traitants, franchisés, membres de réseaux, professionnels libéraux collaborateurs, sportifs professionnels (pratiquant un sport collectif). L'exemple des professionnels libéraux collaborateurs est intéressant car on voit ici le poids de la culture. Ils peuvent avoir le statut de travailleur indépendant au nom de l'indépendance technique, mais aussi relever du salariat dès lors que celle-ci n'exclut pas la subordination juridique au plan des conditions de travail ; la notion d'indépendance est en effet divisible. On peut être en outre indépendant pour ceci et pas pour cela. On constate que le statut de collaborateur non salarié est privilégié dans certaines professions comme celle d'avocat ; le statut d'avocat salarié y est généralement perçu comme de second ordre. Au contraire, dans celle d'expert-comptable, c'est le salariat qui est largement privilégié. Mais les experts-comptables salariés cotisent pour la retraite au régime des non-salariés en plus de celui des salariés et les avocats salariés relèvent, pour la retraite également, de la caisse des non-salariés, pas du régime général. Outre qu'on cherchera en vain une raison fondamentale pour justifier de telles constructions, initiées surtout par le corporatisme. Cela complexifie singulièrement la gestion de l'entreprise.

L'état de parasubordonné exige évidemment une protection au bénéfice de la partie faible du contrat par souci de déclinaison de l'ordre public économique. Non seulement celle-ci n'a pas à être celle du Code du travail conçu initialement pour l'ouvrier d'usine, mais encore l'application de ce corpus législatif a des effets pervers et va à l'encontre de l'intérêt de ceux qu'il est censé protéger.

Cela conduit à souligner qu'il n'y a pas qu'un système protecteur, celui du Code du travail, parfaitement justifié pour certains. D'autres relations contractuelles déséquilibrées que celle entre employeur et travailleur ont conduit à des protections adaptées, inspirées des moyens de corriger les effets d'un état de faiblesse afin de favoriser un équilibre suffisant pour que le contrat puisse faire seul la loi des parties. On songe aux rapports du propriétaire et du locataire ou à la protection du consommateur en cas de vente à domicile. Ces moyens sont pour partie inspirés d'une obligation de loyauté dans la négociation et d'exécution de bonne foi des conventions signées, qui sont des exigences fondamentales d'inspiration civiliste (du droit civil), matrice de toutes les disciplines du droit privé.

L'institution qu'est la convention collective peut d'autant plus être utilisée en dehors du salariat qu'elle est normative comme la loi et que l'équilibre contractuel y est aisé. À titre d'exemple, le « statut » des agents généraux d'assurance, travailleurs indépendants parce qu'exerçant une profession libérale réglementée mais dépendants économiques d'une compagnie pour laquelle ils peuvent être – sont souvent – liés à titre exclusif dans le cadre d'un mandat, a été défini par un « accord collectif » de 1996 entre la Fédération française des sociétés d'assurances (FFSA) et la fédération des agents (autrefois FNSAGA, aujourd'hui AGEA). Cela – c'est important – ne s'est pas construit sur la base d'un texte législatif express, mais d'une exploration des principes de la théorie contractuelle civiliste. Bien sûr, cette convention collective n'est pas régie par le Code du travail. Il faut notamment s'intéresser alors à résoudre deux difficultés fondamentales. D'abord celle de l'application *erga omnes* de la convention, le recours à la seule théorie du mandat ne pouvant avoir d'autre effet que de lier les syndiqués, du côté employeurs mais aussi du côté travailleurs ; ce n'est du reste pas un hasard si, dans certains États, la convention collective de travailleurs salariés ne s'applique de droit qu'aux syndiqués. Ensuite, celle de la représentativité de ceux qui négocient et signent, représentativité à l'égard de la collectivité concernée. À ces deux questions, l'accord d'avril 1996 a apporté des réponses dans ce qu'on a pu appeler « convention collective de travailleurs non salariés[1] ». Au demeurant,

1. Jacques Barthélémy (1987) : « Une convention collective de travailleurs non salariés ? », *Droit social*, p. 40.

l'évolution du droit des conventions collectives depuis l'origine, c'est-à-dire la loi de 1919, est marquée principalement par le souci de répondre efficacement à ces deux questions.

Les fondements d'un droit de l'activité professionnelle

Quel que soit l'attrait d'un statut spécifique de professionnel parasubordonné, il pèche par un inconvénient majeur. Il remplace une frontière floue entre salarié et indépendant – de plus en plus floue du fait de l'inadéquation du droit social au contexte nouveau dans lequel il prospère – par deux autres frontières qui le sont tout autant, entre salarié et professionnel parasubordonné d'un côté, entre professionnel parasubordonné et entrepreneur indépendant de l'autre. Cela ne peut qu'inviter à s'interroger sur la différence entre travailleur indépendant et entreprise individuelle, ce à quoi la loi Madelin de 1994 avait tenté d'apporter une réponse. Si le travailleur non salarié est dirigeant d'une entreprise en nom personnel (donc si n'est pas créée une personne morale), son activité est non seulement rémunérée, ici en honoraires ou en prix de vente, mais elle crée aussi du patrimoine, l'entreprise ayant une valeur marchande puisqu'elle peut se vendre. Cette distinction, on ne la fait pas suffisamment en raison du culte, en France, de la personne morale. Pourtant, grâce à la technique du patrimoine d'affectation, il est possible de séparer l'entreprise et l'entrepreneur sans recourir à la création d'une société.

Voilà pourquoi est préférable d'utiliser la parasubordination comme catalyseur du passage du droit du travail au droit de l'activité professionnelle. Mieux vaut en effet se servir des

« critères » théoriques de la parasubordination pour définir des niveaux de protection différents liés au degré effectif d'autonomie et de dépendance économique[1]. De ce fait, c'est un continuum dans l'évolution du degré de protection que l'on construit à l'intérieur d'un statut unique du travailleur qui bénéficie, quelle que soit sa situation effective, d'un socle de droits fondamentaux.

Un droit de l'activité professionnelle transcendant les droits du travail (salarié ou non salarié) s'imposera à plus ou moins long terme du fait des progrès technologiques et en particulier du numérique. Ce sera le cas lorsque le droit du travail, fondé par et pour la civilisation de l'usine, sera en tel décalage avec le contexte dans lequel il sera appelé à prospérer que ses contraintes seront un sérieux obstacle à l'efficacité économique, donc à l'emploi, et qu'il n'assumera plus de ce fait sa fonction protectrice. Le droit fiscal y est réticent et privilégie la constitution de sociétés ; pourtant, la limitation de la responsabilité, conséquence du démembrement (possible) de la propriété, est concevable. Au demeurant, tel était le sens de l'initiative d'Hervé Novelli avec la création de l'EIRL. Il n'est pas inutile de souligner que le passage du droit du travail à celui de l'activité professionnelle est le pendant, voire le complément, du passage du droit de l'entreprise à celui de l'activité économique.

Ces évolutions se feront d'autant plus aisément que les progrès technologiques et le numérique vont booster les libertés et les

---

1. Paul-Henri Antonmattei et Jean-Christophe Sciberras (2008) : *Le Travailleur économiquement dépendant : quelle protection ?*, rapport à M. le ministre du Travail, novembre ; et Jacques Barthélémy (2008) : « Du droit du travail au droit de l'activité professionnelle », *Les Cahiers du DRH* (et *Lamy*), juin, p. 35 et s.

droits fondamentaux du « travailleur-citoyen ». Ainsi, la liberté de choix en matière de conditions de travail est un progrès au titre de ces droits issus tant de la Déclaration des droits de l'homme de 1789 que de la Convention européenne des droits de l'homme (CEDH). La seule limite de fond à ce libre choix sera l'intérêt de l'entreprise qui puise aussi sa force dans des droits fondamentaux, en l'occurrence le droit d'entreprendre et la protection du patrimoine. À cet égard est important l'intérêt de la doctrine (*cf.* Paillusseau, 2003[1]) pour le dépassement de la société anonyme (de capitaux) qui n'est, en droit du travail, que l'employeur, par une définition de l'entreprise non seulement par son activité économique, mais aussi par la présence d'une collectivité de travail. Au nom de l'intérêt général, celle-ci doit avoir une réelle consistance juridique, au-delà de la prise en compte de ses intérêts par l'institution représentative du personnel. L'instrument de conciliation entre ces exigences fondamentales, c'est le principe de proportionnalité qui est aussi d'essence constitutionnelle.

Dans cette perspective, il faut prendre en compte que le contrat de travail n'est pas un contrat ordinaire : son objet c'est l'homme et la dignité est un de ses droits fondamentaux. En résulte, par exemple, le droit à des revenus raisonnables permettant de faire vivre sa famille ou à une durée raisonnable de travail. Cela peut conditionner la manière de résoudre les difficultés entre l'entreprise et un travailleur non salarié (par exemple, en critiquant, au nom de l'abus, la rupture rapide ou sans motif de leurs rapports) sans pour autant avoir besoin d'un arsenal législatif sophistiqué comme le droit du licenciement. De même, le droit à la santé, droit fondamental de

1. Jean Paillusseau (2003) : « Le droit des activités économiques à l'aube du XXIe siècle », *Dalloz*, « Cahiers du droit des affaires », n° 5/7102, 30 janvier, p. 322.

l'homme, pourrait conduire un jour à la condamnation d'un donneur d'ordres pour non-respect, dans ses relations avec un travailleur non salarié, de l'obligation générale de sécurité, d'autant que cette obligation est forte au point que la Cour de cassation l'a qualifiée d'obligation de résultat. Même si, récemment, elle en est revenue à la classique obligation de moyens, c'est en insistant sur l'impact du caractère de droit fondamental de celui à la santé et sur le caractère impératif des normes déclinant ce principe. D'où, du reste, l'intérêt de l'attachement de la Cour de cassation à l'idée de contrôle de la charge de travail même lorsque, dans le cas d'un forfait jours, l'autonomie du travailleur est sanctuarisée.

Au vu de ce qui précède, le droit de l'activité professionnelle à naître ne peut que concerner l'ensemble des travailleurs, du plus subordonné juridiquement à celui totalement indépendant économiquement. Il implique des niveaux de protection décroissant avec le degré d'autonomie, donc de responsabilité et plus généralement avec la capacité du contrat individuel à faire seul (plus ou moins donc) la loi des parties. De ce fait, il ne se substituera pas au droit du travail salarié identifié par le code qui conservera sa pleine puissance – en complétant le droit de l'activité professionnelle – pour régir les rapports de l'entreprise avec les travailleurs salariés les moins qualifiés et occupant des fonctions subalternes dans la grille des emplois. Ce point est important à souligner car les idéologues vont, une nouvelle fois, parler de détricotage du droit du travail, alors que c'est d'épanouissement des libertés qu'est porteur un tel projet.

En d'autres termes, il s'agit d'identifier le socle de droits fondamentaux du « citoyen-travailleur », socle complété par des protections additionnelles en liaison inverse avec le degré d'autonomie. Ce socle de droits fondamentaux ne peut qu'être construit sur trois piliers : celui de la protection sociale, celui des droits collectifs, celui des droits individuels, comme cela est décliné ci-dessous.

Cette approche, consistant à construire un droit associé à l'activité professionnelle, nous paraît une approche plus heureuse que les voies suivies par divers pays, par exemple l'Espagne, l'Allemagne, l'Italie, l'Autriche ou le Royaume-Uni, qui ont institué des catégories hybrides entre salariés et indépendants, compliquant davantage encore un paysage réglementaire déjà complexe[1]. De plus, des droits sont associés aux travailleurs concernés par ces catégories hybrides à partir de certains seuils d'activité réalisée pour un même donneur d'ordres. Une telle organisation est source à la fois d'incitations nocives et d'inégalités. Incitations nocives car les donneurs d'ordres peuvent alors « optimiser » pour demeurer sous les seuils de déclenchement de droits spécifiques, ce qui a pour effet à la fois de brider le développement des activités concernées et de réduire les protections des travailleurs. Inégalités, car deux travailleurs effectuant le même volume d'activité globale pourront bénéficier de niveaux de protections très différents selon que ce même volume d'activité globale est concentré pour un seul donneur d'ordres et dépasse certains seuils ou selon qu'il est dispersé auprès de plusieurs donneurs d'ordres.

Notre approche se distingue aussi nettement de celle du rapport Terrasse (2016, *op. cit.*) qui, malgré son grand intérêt – notamment lié à une approche large du champ

1. Voir à ce sujet Conseil d'orientation de l'emploi (2014) : *L'Évolution des formes d'emploi*, rapport, 8 avril.

d'investigation –, peut être considéré comme péchant par deux sortes d'insuffisances :

- La première, que nous avons eu la volonté d'écarter par souci d'optimisation des constructions, c'est celle de créer une catégorie spéciale de travailleurs. Nous avons démontré notamment que malgré son grand intérêt au plan scientifique, le concept de parasubordination ne devrait pas déboucher sur la création d'une catégorie intermédiaire entre salarié et indépendant. Cela n'a pas pour effet de lui ôter toute efficacité, bien au contraire si on en fait le catalyseur du passage du droit du travail (des salariés du secteur privé) à un droit de l'activité professionnelle (regroupant tous les travailleurs du plus subordonné au totalement indépendant) matérialisant un socle de droits *minima* applicable à tous et complété par des protections supplémentaires en liaison avec les degrés de subordination juridique et de dépendance économique.
- La seconde – nous avons aussi eu le souci de l'écarter – c'est d'établir une liste des propositions touchant à différents domaines et n'ayant pas nécessairement de cohérence entre elles dès lors qu'elles sont destinées à apporter chacune une solution à un problème particulier. Mieux vaut théoriser le concept, ce dont il résulte que les propositions avancées non seulement ne sont que des exemples, mais encore doivent évoluer dans le temps. D'autant qu'alors, le projet pèche gravement en ce que les solutions reposent sur le maintien de l'autorité du droit actuel du travail. C'est le principal reproche que nous formulons à l'égard du récent rapport Frouin (2020, *op. cit.*) pour le Premier ministre. En cela – et même si nous nous sommes résolus à établir une liste de propositions –, notre démarche dans le cadre de ce

rapport est identique à celle que nous avions utilisée dans le précédent rapport sur la réforme du droit du travail : il s'agit d'une contribution à caractère doctrinal permettant aux décideurs politiques et sociaux de construire les matériaux et les instruments sur la base d'un objectif général.

Impact sur la protection sociale

L'harmonisation de la protection sociale au niveau tant du premier pilier, celui de la sécurité sociale légale et conventionnelle (Assedic, Agirc, Arrco qui assument une mission d'intérêt général et se substituent au régime légal au sens du règlement 1408.71), que celui des garanties collectives caractérisant le deuxième pilier est une exigence majeure car elle est la condition de la fluidité de l'emploi en permettant le changement d'employeur et/ou de statut sans remise en cause des droits. Sous cet angle, transférabilité et portabilité des garanties collectives sont des matériaux au service de l'employabilité qui commence à apparaître, au travers de la jurisprudence, comme un droit fondamental complétant celui à l'emploi. On songe ici au dispositif né de l'ANI du 11 janvier 2008 et déployé par l'ANI du 11 janvier 2013 permettant à un salarié dont le contrat de travail est rompu de continuer à bénéficier de garanties collectives de prévoyance mises en place à titre obligatoire dans l'entreprise. Il ne s'agit pas, comme le présentent les assureurs, d'un produit distinct, de ce fait individualisable, mais de la continuation de la qualité d'actif, de membre de la collectivité de travail malgré la rupture du contrat de travail, mais seulement, de manière fonctionnelle, pour la protection sociale. C'est donc un moyen d'expression de ce qu'on appelle *flexicurité*.

C'est sous le même angle que doit être appréhendée la faculté, pour les anciens salariés partis en retraite, voire en invalidité ou dont le contrat est rompu par licenciement mais aussi pour les ayants droit d'un salarié décédé, de continuer à relever, s'ils le souhaitent, du système de couverture complémentaire santé des actifs (article 4 de la loi Évin du 31 décembre 1989). De même, transférer au bénéfice des travailleurs indépendants la règle de neutralité fiscale sous plafond des contributions alimentant des garanties de retraite et/ou de prévoyance en vigueur pour les salariés (l'un des objets de la loi Madelin de 1994) s'impose d'autant plus que le fondement de cette règle, c'est le principe constitutionnel d'égalité devant les charges publiques. Il faut la compléter par la transférabilité automatique des droits acquis par un salarié dans ce qu'on a coutume d'appeler contrat article 83 vers un contrat Madelin ou l'inverse. Il y va de la concrétisation du principe du droit de l'Union européenne de libre circulation des travailleurs, fondement d'un droit à la mobilité. Ce qui précède est une condamnation du dispositif récemment mis en place, sous prétexte de simplification, faisant des « contrats Madelin » un simple produit d'épargne.

L'harmonisation est effective, en matière de sécurité sociale légale, s'agissant de l'assurance maladie depuis 1966 (ce que cache en partie la calamiteuse gestion du RSI) et de l'assurance vieillesse depuis 1973 (cependant encore peu visible du fait qu'elle n'affecte que les droits postérieurs à cette date). Si les non-salariés ne bénéficient pas de garanties légales en matière d'accidents du travail, c'est parce que ce système d'assurance est en lien avec la responsabilité de l'employeur en matière de prévention de la santé, ce dont il résulte du reste que la cotisation y afférente est entièrement à sa charge. On n'est ici que dans le domaine de l'assurance et pas de la solidarité, consubstantielle pourtant de la sécurité sociale. Et si les non-salariés ne relèvent pas de l'Assedic, c'est parce que la source de droit créatrice de ce régime est un accord collectif de travail dont le champ ne peut qu'être limité, par application du principe de relativité des effets du contrat, aux seuls salariés en raison du champ limité de compétence du Medef et de la CPME signataires, du côté patronal, de la convention Unedic de 1958. On notera toutefois que la loi Madelin a rendu possible la création de garanties collectives de perte d'emploi subie, la cotisation étant déductible fiscalement dans certaines limites inspirées du principe constitutionnel d'égalité devant les charges publiques. On ne peut que regretter que les assureurs, qui ont largement exploité cette loi pour placer des contrats de retraite, ne s'intéressent pas à la couverture de ce risque dont dépend, pour partie, le dynamisme du dirigeant de PME.

En conclusion de ce développement, on ne peut qu'être très favorables au projet, interrompu pour cause de Covid-19, de régime universel de retraite (de base). Les opposants, s'ils sont nombreux, spécialement dans les professions libérales, agissent souvent en raison d'un corporatisme ambiant.

Un des mérites – loin d'être négligeable – du dépassement du droit du travail par celui de l'activité professionnelle serait de faciliter l'unification des droits du travail et de la sécurité sociale dans un droit social, d'autant plus indispensable que, pour reprendre une expression de Jean-Jacques Dupeyroux, cette réunification serait la concrétisation de « la théorie des vases communicants ».

Une place du dialogue social accrue mais adaptée

Un droit des travailleurs unifié, mais dont les fonctions protectrices se déclinent diversement pour tenir compte du degré d'autonomie et de la capacité plus ou moins grande en découlant de permettre l'équilibre contractuel, exige un recours massif au tissu conventionnel. La convention collective (ou l'accord collectif) a comme caractéristiques essentielles d'être normative, comme la loi et le règlement, mais aussi, du fait de la nature contractuelle de sa source, d'adapter potentiellement les normes à chaque contexte et/ou à chaque projet. Elle (il) est donc en mesure de construire un dispositif permettant, mieux que la loi ou le règlement ayant vocation à s'appliquer indistinctement à tous, de tenir compte de différences essentielles. À titre subsidiaire, étant fondamentalement un contrat, son contenu peut évoluer au gré des modifications du contexte ; peut et sans aucun doute doit dès lors que maintenir des normes conçues pour un autre contexte ne peut que déboucher, plus ou moins vite, sur une dérive technocratique, la norme étant prise en considération pour elle-même et non pour ce pour quoi elle a été conçue. Ceci est un plaidoyer pour la technique de révision, donc pour la qualité des clauses qui y sont afférentes.

L'autorité de la « convention collective »

L'autonomie (une plus grande autonomie) du tissu conventionnel – au regard de la loi, du règlement grâce à la technique de dérogation mais aussi de la convention de niveau supérieur grâce à la supplétivité – doit dès lors être la plus grande possible avec comme limite les droits fondamentaux et l'ordre public, quelle qu'en soit la source, nationale, européenne, internationale, les véhiculant ; ou peut-être et plus fondamentalement les Droits (avec un D majuscule) qui sont liés à l'homme (dignité, santé, liberté, etc.). Même si, au cours de récentes années, des progrès ont été faits dans ce sens, le droit positif pèche en la matière. D'abord par le fait que c'est la loi – donc un acte précis – qui fixe les limites ; ensuite parce que les progressions (progrès ?) dans ce sens ne sont que modestes. En s'appuyant sur la différence fondamentale entre ordre public économique et ordre public de direction, il est sans doute possible de théoriser l'ordre public social[1]. On trouverait alors plus aisée à identifier la limite absolue de l'autonomie du tissu conventionnel à l'égard de la loi et du règlement mais aussi à cerner ce qu'on pourrait appeler « ordre public professionnel », c'est-à-dire ce à quoi un accord d'entreprise ne peut « déroger » au tissu conventionnel de branche. Mais dans cette perspective, il faut aussi penser une définition de la branche (*cf.* le rapport Ramain, 2020, *op. cit.*, et Barthélémy, Cette et Koudadje, 2020, *op. cit.*).

Pour que cette réorientation fondamentale du droit des travailleurs soit concevable, il faut s'intéresser à deux sujets essentiels :

– Le premier est relatif aux conditions (techniques mais surtout culturelles) permettant que le « contrat collectif » fasse

1. *Cf.* à ce sujet la thèse de Florence Bergeron-Canut (2007) : *L'Ordre public en droit du travail*, LGDJ, « Bibliothèque de l'Institut André Tunc ».

réellement et pleinement la loi des parties. À cet égard, il faut s'assigner comme objectifs : équilibre des pouvoirs entre les parties, comportement loyal des négociateurs et moyens de favoriser l'exécution de bonne foi des textes signés. Il n'y a aucune raison que ces fondamentaux de la technique contractuelle ne valent pas pour la convention collective qui est d'abord un contrat. Cela d'autant plus en raison de la spécificité de ce contrat, spécialement de son objet qui est normatif. Les négociateurs ne s'engagent pas (seulement) pour eux-mêmes mais (surtout) pour les travailleurs, pour bâtir le « statut » du travailleur, donc non seulement à titre individuel, mais aussi pour leur collectivité. Voilà pourquoi Jean-Denis Combrexelle, dans le rapport (2015[1]) dont il avait la charge sur l'évolution du droit conventionnel, a préconisé l'introduction, dans la loi, d'une obligation de définir, avant la négociation sur le fond, les règles de conduite de celle-ci, débouchant (ou pouvant déboucher) sur un « accord de méthode ».

Ce droit des règles de la technique contractuelle[2] est encore plus indispensable si on définit le clivage entre salariés et indépendants bien que ce droit (à la négociation collective) soit par principe réservé aux salariés. Il a été établi en doctrine (*cf.* Jacques Barthélémy, 1987, *op. cit.*, et le rapport Antonmattei-Sciberras, 2008, *op. cit.*) qu'un accord collectif pouvait se concevoir au profit des travailleurs indépendants juridiquement mais en situation de dépendance économique. Cela du reste

1. Jean-Denis Combrexelle (2015) : *La Négociation collective, le travail et l'emploi*, rapport remis au Premier ministre, septembre.
2. *Cf.* l'ouvrage de référence en la matière de Jean-Marc Mousseron (1988) : *Techniques contractuelles*, Mousseron et Raynard positionnant le débat pour le « droit de l'entreprise ».

fait l'objet d'une mise en œuvre pratique, notamment dans le « statut » des agents généraux d'assurances (*cf.* ci-dessus). Mais le droit de l'activité professionnelle que nous préconisons, pour après-demain, positionnera autrement le problème parce qu'il s'agira de définir concrètement le « statut collectif » de tous les travailleurs, quel que soit leur degré d'autonomie, dans un acte contractuel unique. Les différences existantes entre ouvrier et cadre sont déjà prises en compte dans le dialogue social conduisant à un tissu conventionnel unique. Ces différences seront encore plus grandes si les bénéficiaires du « contrat collectif » sont tous les travailleurs. Cela ne peut qu'inviter à explorer de manière différente les exigences d'équilibre contractuel, de comportement loyal et d'exécution de bonne foi.

– Le second est relatif à la qualité de ceux qui participent aux négociations et s'engagent, souvent dans le cadre d'un compromis, pour un texte qui organise les conditions de travail, de rémunération, d'emploi ainsi que des garanties sociales des travailleurs. Un droit plus contractuel se dessine depuis quelques décennies mais rares sont ceux en ayant perçu la réalité. Cela s'est manifesté, depuis les lois Auroux (en matière de durée du travail dans un premier temps), par la technique de dérogation (au règlement, à la loi), puis plus récemment par la technique de supplétivité (dans les rapports entre accords d'entreprise et de branche, pour faire court). Cette double évolution vise à cerner autrement la fonction protectrice du droit du travail afin de mieux concilier efficacité économique et protection du travailleur, notamment au service de l'emploi. Elle ne pouvait qu'avoir comme conséquence la remise en cause de la représentativité de droit des organisations syndicales, c'est-à-dire constituées réglementairement, concevable lorsque la hiérarchie des normes est respectée, donc que sévit la règle de l'avantage le plus favorable en cas de conflit de normes. Elle ne peut qu'être écartée au profit d'une mesure de l'audience de l'organisation par référence à la collectivité des travailleurs concernés. Au demeurant, cela est de nature à conférer plus de consistance juridique à la collectivité de travail. Il faut alors le mettre en parallèle avec la création récente de l'institution unique de représentativité du personnel (*cf. supra*). D'autant que celle-ci peut se voir confier la capacité de négocier en plus de celle de formuler des vœux et des avis sur la politique économique et sociale de l'entreprise. L'institution devient alors un « conseil d'administration de la collectivité », conférant d'autant plus de consistance à la collectivité de travail que cette institution est, par la volonté du législateur, une personne morale.

Si la convention collective vise demain tous les travailleurs, sous-entendu ceux aujourd'hui classés aussi bien en salariés qu'en indépendants, la gestion de la représentativité effective – matérialisée par l'audience réelle à l'égard de la collectivité – nécessitera une réadaptation du droit commun. Cela parce que le degré plus ou moins grand d'autonomie a pour effet une plus ou moins grande implication dans la vie collective. À tout le moins, une stratégie d'adhésion à un groupement pour des motifs fort différents.

En outre, le travailleur qualifié aujourd'hui d'indépendant peut être non seulement un travailleur, mais aussi un chef d'entreprise si, même sans avoir créé une société, il emploie du personnel. Cette distinction n'avait pas été considérée comme un obstacle important lorsque a été conclu l'accord consacrant le statut des agents généraux d'assurances. Rien ne s'oppose au fond à ce que la même personne physique bénéficie d'une convention collective de travailleur et soit en même temps un employeur lorsque est défini le statut collectif du personnel qu'il emploie. Mais cela impose d'être prudent au moment d'établir les statistiques, ceci d'autant que l'entreprise individuelle est une entité économique qui a une valeur et de ce fait se vend et s'achète.

Ce qui précède – mettant en évidence des difficultés, d'ordre technique, à relativiser car des solutions peuvent les écarter avec un minimum d'inventivité – invite à positionner le débat un peu plus haut, c'est-à-dire sur celui des droits collectifs des travailleurs (car le droit à la négociation collective n'en est qu'un des aspects, certes très important).

Les droits collectifs relevant du socle de droits fondamentaux sont faciles à identifier car ils sont d'essence constitutionnelle. Il s'agit bien sûr des droits de négociation collective et à l'action collective. Ils sont visés à l'article 28 du titre IV (Solidarité) de la Charte des droits fondamentaux de l'Union européenne (version consolidée du 26 octobre 2012). De même, l'alinéa 8 du préambule de la Constitution de 1946 annexé à celle de 1958 prévoit que « tout travailleur participe, par l'intermédiaire de ses délégués, à la détermination collective de ses conditions de travail... ». Il n'est dit, dans aucun de ces textes, que ces droits sont réservés aux travailleurs salariés. Il n'y a donc aucune raison qu'ils ne bénéficient pas aux travailleurs en état de dépendance économique dont la relation déséquilibrée avec le donneur d'ordres justifie une protection, mais aussi qui constituent, face au donneur d'ordres, une collectivité pour laquelle des normes collectives peuvent être utiles. Or, l'une des caractéristiques de l'institution phare du droit du travail qu'est la convention collective est d'être normative. Bien sûr, les modalités de leur déclinaison doivent varier du fait de conditions de travail différentes si on en étend le champ aux « non-non ».

Le tissu conventionnel est le plus à même, en tant que source de droit, de satisfaire à cette exigence, cela eu égard à la nature contractuelle de la convention collective et malgré sa nature de « loi professionnelle » héritée de son caractère normatif. Non seulement la convention collective de non-salariés a un contenu propre (*cf.* celle des agents généraux d'assurances) mais encore les modalités d'expression de l'action collective, principalement du droit au conflit collectif (droit constitutionnel), seront radicalement différentes. Lorsque des médecins libéraux (non-salariés) font « grève » pour s'opposer aux organismes de sécurité sociale dont dépendent pour l'essentiel leurs revenus professionnels, c'est plus par des grèves administratives que par arrêts de travail qu'ils agissent. Cela étant, le domaine des droits auxquels un accord collectif ne peut déroger est sans aucun doute plus vaste que ceux énumérés par un document d'essence constitutionnelle.

La grande caractéristique de l'espèce humaine, c'est la division du travail. Elle n'a pas commencé avec la période fordienne. Alain Supiot (2015[1]) en tire comme conséquence la négation de l'arrivée d'une économie devenue immatérielle. Nous souscrivons à cette grande idée tout en mettant l'accent sur le fait que les conditions de travail sont affectées dans des éléments essentiels car le numérique favorise plus de libertés grâce à l'autonomie plus grande du travailleur, ce qui n'est pas antinomique avec l'idée, reproduite ci-dessus, d'Alain Supiot.

1. Alain Supiot (2015) : *La Gouvernance par les nombres*, Fayard.

Par contre, cela rend encore plus indispensable de cerner les droits fondamentaux de l'homme qui ne peuvent être écartés grâce à la dérogation et à la supplétivité, par un tissu conventionnel prenant plus d'importance car favorisant, au-delà, l'adaptation des normes à chaque contexte et/ou à chaque projet. Lorsque Alain Supiot soutient que « le contenu et le sens du travail sont des exigences de justice sociale », il met en évidence, par cette référence à la justice sociale, que les droits fondamentaux de l'homme ne se déclinent (heureusement) pas seulement par des textes, fussent-ils constitutionnels.

Au vu de ce qui précède, prend une résonnance toute particulière le message fondamental évoqué plus haut du rapport de Badinter et Lyon-Caen (2015, *op. cit.*).

Les manifestations du dialogue social

Certes, le passage du droit du travail au droit de l'activité professionnelle ne peut écarter les conventions collectives bien que des modifications assez importantes s'imposent. C'est même l'instrument majeur du passage de l'un à l'autre qui pourrait de ce fait se réaliser progressivement, d'autant qu'on voit mal le législateur s'éloigner de la première partie pour en commencer une autre. À cet égard, si est aisément concevable un tissu conventionnel constructible au niveau de l'entreprise (même si la physionomie de l'employeur en sera affectée) et au niveau de la branche (le droit du travail en général permet de mieux cerner le concept de branche à partir de la déclinaison de l'unité économique et sociale), la construction d'un tissu interprofessionnel posera bien plus de problèmes. En effet, la distinction entre industrie, commerce, services, artisanat, professions libérales, agriculture va être sérieusement malmenée par l'émergence de la civilisation du savoir et du numérique qui déborde les champs du Medef, de la CPME, etc. Il faut souligner que ce sont des considérations de cet ordre qui ont fait se rapprocher l'Union des artisans et celle des professions libérales, essentiellement au motif de l'identité du métier, différente de celle d'activité industrielle. Mentionnons à cet égard l'exemple des difficultés à dépasser dans les accords interprofessionnels ayant donné naissance aux grands régimes de retraite complémentaire (l'Agirc et l'Arrco).

Mais le dialogue social ne se limite pas à la construction d'accords collectifs. Indépendamment de la négociation – et de la conclusion – de « contrats collectifs », l'efficacité – au sens de la promotion conjuguée de l'efficacité économique et de la protection des travailleurs – du dialogue social vient aussi de la consultation, de la conciliation – de surcroît seule ou en tandem avec d'autres moyens – par des normes opposables en l'occurrence aux dirigeants d'entreprise et aux travailleurs. Il ne peut y avoir que des effets positifs à ce que, à l'occasion d'un problème, la conciliation prenne en considération (voire en compte) les effets d'une situation sur l'ensemble des travailleurs. Lorsqu'une grande entreprise connaît des difficultés économiques (ou techniques) et qu'elle consulte le CSE, qu'elle négocie un accord avec les syndicats de salariés, non seulement la démocratie sociale n'est pas respectée, mais en outre les solutions qui seront envisagées ne prendront pas en compte tous les éléments, en particulier l'impact sur les sous-traitants. Ou le feront par le biais d'un second acte qui ne sera pas nécessairement compatible avec ce qui aura été décidé après intervention de l'institution représentative des salariés et des organisations syndicales de salariés.

De ce fait, un droit de l'activité professionnelle permettra un champ plus vaste d'intervention du CSE et fera de celui-ci plus aisément le « conseil d'administration » de la collectivité des travailleurs. Ce qui précède obligera à s'interroger sur la pertinence des catégories. La distinction cadre/non-cadre a de moins en moins de sens et ce qui devra (pourra ?) délimiter les collèges, ce sera en premier le degré d'autonomie. D'où un intérêt accru du protocole préélectoral. Et puis la nature des informations périodiques fournies par l'employeur en sera nécessairement affectée. Ce sera plutôt un bien car facilitant le dépassement de la société de capitaux pour s'intéresser à l'entreprise (que l'on commence à identifier en doctrine comme en jurisprudence).

Analyser le seul bilan de la société sera sans doute une manifestation insuffisante du droit de consultation et d'avis. Le champ d'investigation devra s'étendre aux activités des sous-traitants, en général et pas seulement des travailleurs indépendants dont l'activité est majoritairement concentrée sur telle entreprise.

Les travailleurs des plateformes

On a vu au chapitre précédent que les travailleurs des plateformes, et parmi eux surtout les livreurs et les conducteurs de VTC, peuvent connaître de très fortes conditions de subordination économique sans bénéficier des protections garanties aux salariés par le droit du travail. Ce déséquilibre des droits et protections entre les indépendants subordonnés économiquement et les salariés est extrême et ne se limite pas à certaines protections sociales comme l'indemnisation du chômage ou la retraite. Il concerne au moins trois domaines supplémentaires. Tout d'abord, la rémunération minimale garantie aux salariés par des dispositions conventionnelles, comme les *minima* de branche, mais aussi par des dispositions légales comme le salaire minimum national. Ensuite, les protections concernant les conditions de travail et définies par des dispositions légales nationales ou supranationales (et en particulier européennes) concernant par exemple les durées du travail maximales et le droit au repos. Enfin, les conditions de la séparation, le salarié licencié pouvant contester devant les juridictions du travail les motivations de son licenciement individuel et être indemnisé si ses motivations ne répondent pas à des causes réelles et sérieuses. Rien de tel n'existe dans ces trois domaines pour les travailleurs indépendants subordonnés économiquement. Au-delà, les risques financiers liés à l'activité professionnelle peuvent aussi être déséquilibrés. L'outil de travail du salarié est fourni par l'employeur, tandis que celui de l'indépendant est apporté par ce dernier. Cette différence peut être forte, en particulier dans la livraison et surtout dans le domaine des VTC.

Une réduction de ces déséquilibres est souhaitable pour que le travailleur indépendant subordonné économiquement, dont les conditions de travail se rapprochent de celles d'un salarié peu qualifié, ne pâtisse pas de protections fortement appauvries en comparaison avec ce dernier. Bien sûr, la question est quantitativement limitée puisque le nombre des travailleurs des plateformes serait d'environ 100 000 en France, soit environ 0,4 % de l'emploi total. Mais la préoccupation est ici celle de l'équité et d'une réelle justice sociale.

Une première réponse est de ne rien faire. Cela signifie que les activités économiques concernées pourront demeurer bridées par les incertitudes concernant les décisions des juges, saisis de recours individuels ou collectifs, de requalification en salariés des indépendants concernés, ce qui bride aussi en conséquence la croissance et l'emploi. Les décisions des juges s'appuient sur des éléments de fait concernant d'éventuelles situations de salariat déguisé, ce qui est inévitablement complexe. Ces éléments de fait sont, par exemple, que la tarification est décidée par la plateforme, que cette dernière contrôle les conditions et la qualité de réalisation des prestations, par l'existence d'un pouvoir de sanction (et par exemple la possibilité de déconnexion)…

Une deuxième réponse est de créer une catégorie nouvelle intermédiaire entre le salarié et l'indépendant, avec des droits associés, et de faire bénéficier les travailleurs des plateformes de ces droits. C'est le choix fait dans différents pays, on l'a vu, et par exemple le Royaume-Uni. Mais cette réponse présente l'inconvénient de passer d'une situation où une frontière est floue, entre indépendants et salariés, à une autre situation où deux frontières le sont tout autant, entre indépendants et travailleurs de cette nouvelle catégorie et entre ces derniers et les salariés. Loin d'être simplifiée, la difficulté est au contraire rendue plus complexe.

Une troisième réponse est de requalifier largement en salariés ces travailleurs. C'est la décision prise en mars 2021 en Espagne par le gouvernement socialiste de Pedro Sánchez, ou préconisée en France par le rapport Frouin (2020, *op. cit.*) *via* des entreprises intermédiaires qui feraient du portage salarial auprès des plateformes. Mais cela revient à faire entrer à toute force dans une catégorie, le salariat, conçue dans le contexte de la société de l'usine, un nouveau mode d'activité, au risque ici encore d'en brider le développement, et donc la croissance et l'emploi. Pour les raisons développées plus haut, ce choix ne nous paraît pas souhaitable. Il est d'ailleurs à signaler qu'une majorité des travailleurs concernés ont souvent eux-mêmes une préférence pour le statut d'indépendant (voir par exemple à ce sujet le cas des « conducteurs Uber » au Royaume-Uni analysé par Berger *et al.*, 2019, *op. cit.*)

Une quatrième voie est celle que nous préconisions dans notre précédent ouvrage (Barthélémy et Cette, 2017, *op ; cit.*), et qui consiste à élargir à ces travailleurs, *via* un rôle central donné à la négociation collective, la fonction protectrice inspirée de celle du droit du travail. C'est la voie qui a été longuement détaillée dans ce chapitre. C'est aussi celle qui est proposée récemment de façon très concrète par Bruno Mettling (2021[1]). En accord complet avec ce qui précède, ce rapport propose les modalités de l'émergence d'un véritable dialogue social dans les plateformes, avec une feuille de route visant à la construction des normes protectrices qui y seront adaptées. Une autorité spécifique aurait pour mission de veiller au bon déroulement de ce processus nouveau. Et, en cas d'échec, des normes réglementaires seraient décidées pour stimuler le processus. Ajoutons à ces propositions qu'il nous paraît utile que de telles normes réglementaires soient supplétives de celles qui pourraient être issues du dialogue social, afin qu'elles en constituent un aiguillon incitatif fort. Le gouvernement ira sans doute dans les directions préconisées par Mettling (2021, *op. cit.*), *via* des ordonnances qui seraient promulguées au printemps. Cette orientation nous paraît la bonne.

1. Bruno Mettling (2021) : « La représentation des travailleurs indépendants et le dialogue social au sein des plateformes d'emploi », note pour la ministre du Travail, 11 mars.

La fonction génétique du droit du travail est la protection du travailleur, et non celle du seul salarié. Comme évoqué tout au long de cette partie, ce n'est pas aux nouvelles formes de travail qui naissent dans la société actuelle du numérique de s'adapter à un droit du travail conçu dans une société antérieure, la société de l'usine. Le droit du travail doit être vivant et c'est à lui de s'adapter pour que sa fonction protectrice concerne bien l'ensemble des travailleurs. La voie du dialogue social nous paraît la plus à même de concilier au mieux, dans cette évolution souhaitable, la protection du travailleur et l'efficacité économique.

PARTIE 4

Le défi du télétravail[1]

1. Nous prolongeons ici les analyses brièvement amorcées dans notre article : « La notion actuelle de durée du travail résistera-t-elle au coronavirus ? », *Regards*, n° 57, septembre 2000, p. 15-20. Voir aussi sur le sujet les interventions faites au Séminaire Emploi qui s'est déroulé le 16 décembre 2020 sur le thème du télétravail. Enfin, l'article suivant de Koudadje propose une analyse très proche de la nôtre. Voir Gépy Koudadje (2021) : « Télétravail : enjeux économiques, environnementaux et juridiques », *Les Cahiers du DRH*, n° 282-284, février-mars, p. 24-36.

Le choc de la pandémie de la Covid-19 et les périodes de confinement ont amené des profondes mutations des modes de travail, comme un très fort développement du télétravail. Ces mutations, qui ont largement contribué à réduire les risques sanitaires associés à la pandémie, ont été rendues possibles par les évolutions technologiques associées à l'économie digitale. Elles seront durables, pour une part encore difficile à anticiper, car elles sont porteuses de meilleures conditions de travail et de libertés pour le travailleur, de coûts moindres et de flexibilité pour l'entreprise. Pour le travailleur, elles peuvent permettre un plus grand confort dans la conciliation entre vies personnelle et professionnelle. Pour l'entreprise, l'abaissement des coûts et l'élévation de la productivité du travailleur peuvent venir, outre d'une plus grande satisfaction de ce dernier, de moindres temps de transport et d'une diminution des surfaces des locaux de l'entreprise. Pour autant, le télétravail transforme les formes concrètes de la subordination du travailleur, en particulier concernant la définition et la mesure de son temps de travail qui ne peut plus s'appréhender comme un temps pendant lequel « le salarié est à la disposition de l'employeur sans pouvoir vaquer à des occupations personnelles ».

Mais l'explosion du télétravail constitue un choc brutal auquel les entreprises n'étaient pas préparées. Pour qu'il soit réellement porteur de gains tant pour le travailleur que pour l'entreprise, ce choc appelle une transformation rapide et profonde des pratiques managériales. De nombreuses entreprises auront besoin d'être accompagnées dans ce changement. Un tel accompagnement ne se limite pas aux dimensions juridiques du recours au télétravail : c'est tous les modes de relations hiérarchiques et au-delà du travail d'équipe qui sont concernés. Et la difficulté est ici amplifiée par le fait qu'en ce domaine, il n'y a pas de « recette miracle » transposable partout. Chaque entreprise et chaque collectif de travail doit optimiser de façon spécifique son recours au télétravail, selon la nature de l'activité et selon les valeurs de l'entreprise et les attentes des travailleurs. Cette difficulté suggère le besoin d'une période d'adaptation assez longue sur la base d'un diagnostic continu des gains et difficultés qui se révéleront à chaque moment sans avoir été nécessairement anticipés. D'autant que les pratiques du télétravail durant la pandémie ont été largement commandées par des considérations sanitaires et ne préfigurent pas, le plus souvent, celles qui peuvent être pertinentes dans le *new normal* d'après la crise de la Covid-19. Des pratiques inadaptées peuvent être néfastes à la performance économique de l'entreprise comme au bien-être du travailleur. En un mot, pour que ses potentialités bénéfiques se concrétisent, le télétravail doit d'abord être considéré comme un challenge…

Le télétravail a connu un développement spectaculaire dans le contexte du confinement. Ce saut est sans doute en grande partie définitif (chapitre 5), d'autant qu'il contribue à modifier les comportements. Si les bénéfices du télétravail peuvent être divers et importants, cette évolution appelle cependant des ajustements de diverse nature (chapitre 6).

CHAPITRE 5

Le recours au télétravail

Le développement du télétravail a été spectaculaire en période de confinement, et le recours potentiel à cette forme de travail après la crise de la Covid paraît fort, du fait des bénéfices que peuvent en tirer à la fois les travailleurs et les entreprises. Les gains économiques et sociaux associés à une extension du recours au télétravail pourraient donc être importants[1].

Le développement effectif et potentiel du télétravail

Avant le choc de la Covid-19, le télétravail était une pratique encore peu répandue tant en France que dans les autres pays. Selon la Dares, en 2017, seuls 3 % des salariés le pratiquaient

1. Voir sur tous ces aspects la large revue de littérature d'André-Yves Portnoff (2021) : « Travail et télétravail : ruptures et pesanteurs », *Futuribles International*, Vigie, Analyse prospective, n° 253, 30 mars.

au moins un jour par semaine[1]. Mais ce type de travail a connu une explosion durant la période de confinement liée à la crise sanitaire de la Covid-19, et la proportion de salariés en télétravail était de 25,4 % au cours du mois de décembre 2020 (*cf.* Dares, 2021[2]) d'ailleurs équivalente à celle observée au moment du confinement le plus strict, au printemps 2020 (voir Guichard et Pinel, 2020[3]).

Le graphique 5 illustre, à partir de données de la Dares, l'explosion du recours au télétravail durant la crise de la Covid-19. On y voit par exemple qu'avant la crise, près de 88,6 % des salariés travaillaient dans une entreprise dans laquelle moins de 10 % des salariés télétravaillaient tandis que durant la semaine du 23 mars 2020, durant le premier confinement, ils n'étaient plus que 52,3 % dans ce cas. À l'autre extrême, 5,2 % des salariés travaillaient avant la crise dans une entreprise dans laquelle plus de 30 % des salariés télétravaillaient tandis que la semaine du 23 mars, 14,4 % des salariés travaillaient dans une entreprise où au moins 80 % des salariés télétravaillaient.

Une telle explosion du télétravail n'est pas spécifique à la France et a concerné tous les pays avancés. Une enquête réalisée par Eurofound (2020[4]) en mai 2020 montre ainsi que dans l'ensemble de l'Union européenne (à 27), 35 %

---

1. Voir Dares (2019) : « Quels sont les salariés concernés par le télétravail ? », *Dares Analyses*, 2019-051, novembre, rédigé par Sébastien Hallépée et Amélie Mauroux.
2. Dares (2021) : « Enquête Acemo Covid de décembre 2020 – Résultats détaillés ».
3. Alban Guichard et Christine Pinel (2020) : « Enquête Acemo Covid – Résultats détaillés », Dares, 17 avril.
4. Eurofound (2020) : *Living, Working and COVID-19.*

des salariés auraient commencé à télétravailler durant le premier confinement du printemps 2020, s'ajoutant à ceux qui pratiquaient déjà ce mode de travail. Cette proportion varie cependant très fortement d'un pays à l'autre, en fonction, entre autres facteurs, de la structure des activités économiques, du niveau d'éducation moyen de la population et de la formation des salariés et managers aux nouvelles technologies. Elle varie ainsi d'environ 20 % en Roumanie à 60 % en Finlande.

Les potentialités de développement du télétravail après la crise de la Covid ont été évaluées dans différentes études et elles aboutissent à des chiffres assez proches du pic de développement du télétravail observé durant les périodes de confinement. Pour la France, la Dares a évalué que près de 4 emplois sur 10 seraient aujourd'hui dans le secteur privé compatibles avec le télétravail[1]. Ce chiffrage pour la France est assez proche de ceux concernant d'autres pays. Ainsi, Milasi *et al.* (2020[2]) évaluent qu'en Europe, ce développement potentiel pourrait aller de 27 % en Roumanie à 56 % au Luxembourg, pour une moyenne de 37 % dans l'Union européenne à 27. Concernant les États-Unis, Dingel et Neiman (2020[3]) évaluent cette proportion de travailleurs potentiellement en télétravail à 34 % en moyenne.

1. *Cf.* Dares (2020) : « Coronavirus et monde du travail », communiqué de presse du 15 mars.
2. Santo Milasi, Martina Bisello, John Hurley, Matteo Sostero et Enrique Fernández-Macías (2020) : « Teleworkability and the COVID-19 Crisis: a New Digital Divide? », JCR Technical Report, *JCR Working Papers Series on Labour, Education and Technology*, 2020/5.
3. Jonathan I. Dingel et Brent Neiman (2020) : « How Many Jobs Can be Done at Home? », *NBER Working Paper*, n° 26948, avril.

Graphique 5. Recours au télétravail dans les entreprises du secteur privé avant la crise de la Covid et durant la semaine du 23 mars 2020
Proportion de salariés travaillant dans une entreprise ayant un certain recours au télétravail – En %

A – Avant la crise de la Covid

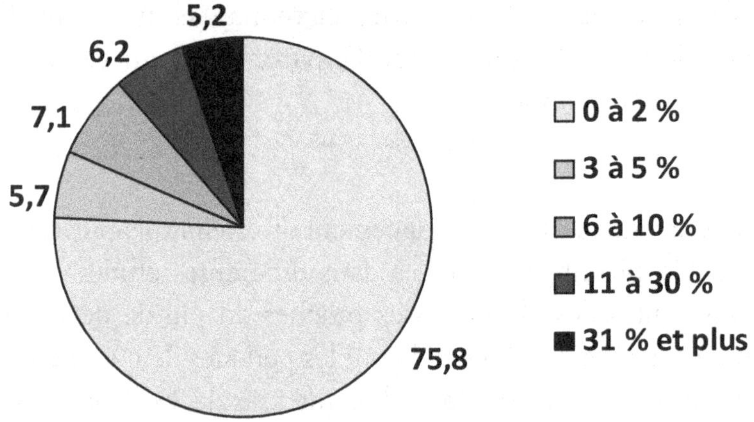

B – Semaine du 23 mars 2020

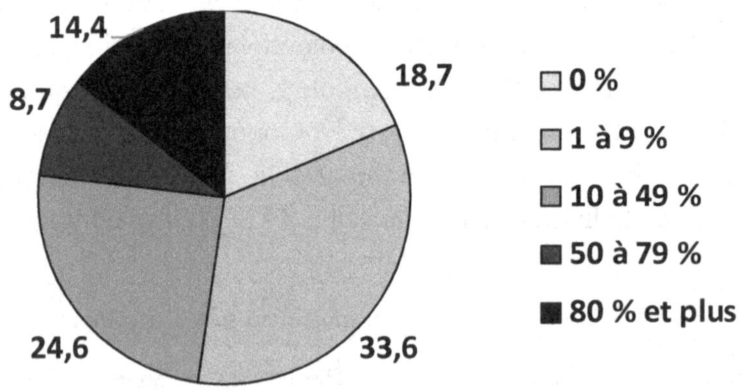

Lecture : *Avant la crise de la Covid, 5,2 % des salariés travaillaient dans une entreprise dans laquelle 31 % ou plus des salariés étaient en télétravail. Et durant la semaine du 23 mars 2020, 33,6 % des salariés travaillaient dans une entreprise dans laquelle 80 % ou plus des salariés étaient en télétravail.*

Source : *Guichard et Pinel (2020,* op. cit.*) et Dares (2021,* op. cit.*).*

L'évaluation des potentialités d'extension du télétravail doit intégrer de nombreuses fonctions support qui ne comptent pas parmi les plus qualifiées mais qui peuvent aussi être éligibles à cette mutation. On peut mentionner pour exemple les tâches de secrétariat, administratif ou de direction, qui sont souvent réalisables à distance. Dans son dénombrement des activités éligibles au télétravail, dans le contexte de la crise de la Covid-19, la Dares (2020, *op. cit.*) a inclus ce type de salariés. Elle apparaît aussi dans l'évaluation proposée pour les pays européens par Milasi *et al.* (2020, *op. cit.*) et pour les États-Unis par Dingel et Neiman (2020, *op. cit.*). Pour autant, ces évaluations paraissent prudentes sur ce point et les potentialités du recours au télétravail pourraient être supérieures.

Le recours au télétravail durant la crise de la Covid-19 ou l'évaluation des potentialités de ce recours font apparaître de nombreux écarts selon les activités, la taille des entreprises ou les caractéristiques des postes. Ainsi, ce recours effectif ou potentiel est faible dans l'agriculture et la construction et à l'opposé très élevé dans les activités de conseil ou les activités financières (banques et assurances). Toutes choses égales par ailleurs, il est croissant avec la dimension de l'entreprise. Il est croissant avec la qualification des postes de travail et le recours qui y est fait aux technologies de l'information et de la communication, ainsi que selon le niveau de formation du travailleur. Les évaluations mentionnées ci-dessus montrent que ces différences sont très marquées. Elles caractérisent donc des inégalités effectives et potentielles qui doivent être prises en compte et éventuellement compensées par des dispositions spécifiques. Nous reviendrons sur ce point.

Les bénéfices du télétravail

Les bénéfices du télétravail concernent autant les travailleurs que les entreprises. Par ailleurs, cette forme de travail pourrait, en croissant fortement, bousculer l'équilibre des marchés immobiliers. Le télétravail est l'une des expressions fortes de la révolution digitale à même de dynamiser la croissance économique.

Comme le forfait jours, le télétravail est porteur de meilleures conditions de travail et de libertés pour le travailleur. Il peut permettre au travailleur de mieux concilier vies professionnelle et personnelle, et d'envisager un éloignement géographique de son lieu de travail permettant l'accès moins cher au logement. Mais les attentes des salariés en ce domaine sont très variées et, en conséquence, la meilleure conciliation entre vies personnelle et professionnelle peut prendre des formes très spécifiques. La garde de jeunes enfants, les soins à un proche âgé ou handicapé, l'engagement dans des activités sportives, artistiques ou associatives sont des occupations dont la meilleure articulation avec le travail appelle une organisation quasi individualisée de l'imbrication des différents temps de vie. Comme le forfait jours, le télétravail peut faciliter cette optimisation individuelle de la vie. Des enquêtes d'opinion ont montré par exemple après le passage aux trente-cinq heures que les travailleurs en forfait jours les plus satisfaits de ce changement sont d'un côté les cadres, du fait du flou des frontières entre certaines activités relevant ou non du travail, de l'autre les parents, les femmes surtout, de jeunes enfants[1].

1. Voir à ce sujet Gilbert Cette, Nicolas Dromel et Dominique Méda (2004) : « Les déterminants du jugement des salariés sur la RTT », *Économie et Statistique*, n° 376-377, p. 117-151.

Cela signifie que, pour optimiser la satisfaction du travailleur, les modes d'organisation en télétravail ou forfaits jours doivent faciliter l'articulation entre vies personnelle et professionnelle et cela au plan individuel.

Le télétravail peut avoir un impact significatif sur la productivité et la performance des entreprises[1]. Les études s'intéressant à ces effets sont nombreuses[2] et aboutissent à des résultats contrastés. À titre d'illustration, Bloom *et al.* (2015[3]) étudient le passage au télétravail d'un ensemble de salariés volontaires d'un centre d'appels chinois, dans une entreprise équipée et préparée à ce mode d'organisation. Ils constatent que les télétravailleurs sont nettement plus productifs – avec des gains de productivité de l'ordre de 20 % –, plus heureux et moins susceptibles de quitter l'entreprise (bien qu'ils aient également moins de chances d'être promus à performance comparable). D'un autre côté, Morikawa (2020[4]) relate l'expérience d'un institut de recherche japonais qui, subitement et sans préparation, est passé au télétravail durant la période du confinement du printemps 2020. La productivité aurait alors baissé d'environ 40 %

1. Voir à ce sujet la synthèse d'Antonin Bergeaud et Gilbert Cette (2021) : « Télétravail : quels effets sur la productivité », Banque de France, Bloc-notes Éco, n° 198, 5 janvier, dont nous reprenons ici des éléments.
2. Voir par exemple dans le cas français : Gilbert Cette (2020) : « Télétravail et croissance économique : une opportunité à saisir », *Futuribles*, n° 437, juillet-août, p. 77-82 ; OCDE (2020) : « Effets positifs potentiels du télétravail sur la productivité à l'ère post-COVID-19 », 15 juillet ; Pierre Pora (2020) : « Comment le télétravail affecte-t-il la productivité des entreprises ? », Insee, blog, 23 octobre ; Cyprien Batut et Youri Tabet (2020) : « Que savons nous aujourd'hui des effets économiques du télétravail », *Trésor-Éco*, n° 270, novembre.
3. Nicholas Bloom, James Liang, John Roberts et Zhichun Jenny Ying (2015) : « Does Working from Home Work? Evidence from a Chinese Experiment », *The Quarterly Journal of Economics*, vol. 130, n° 1, p. 165-218.
4. Masayuki Morikawa (2020) : « Covid-19, Teleworking, and Productivity », CEPR, VoxEU, 10 avril.

en moyenne. Les facteurs explicatifs de ces différences sont multiples : manque de préparation, inadéquation des moyens techniques, absence d'échanges entre collègues et inadaptation du lieu de télétravail, notamment en présence de jeunes enfants. Ces deux évaluations antagonistes fournissent un premier enseignement commun partagé par d'autres analyses sur le sujet : les effets du télétravail sur la productivité sont d'autant plus positifs et importants que cette forme de travail suscite à la fois l'adhésion des travailleurs concernés et celle du management, que l'ensemble des acteurs sont préparés et formés à ce mode d'organisation, et que le matériel et l'environnement de travail à domicile sont appropriés.

Dans de nombreux cas, le ralentissement des interactions entre collègues peut réduire la circulation des informations au sein de la sphère professionnelle. Ainsi, le télétravail à 100 % de l'ensemble des postes éligibles peut nuire à la productivité. Dans une analyse récente, l'OCDE (2020, *op. cit.*) suggère que la relation entre les gains de performance et l'intensité du télétravail aurait la forme d'une courbe en U inversée, le « dosage optimal » dépendant évidemment de l'activité. Ce « dosage optimal » pourra ainsi être deux ou quatre jours de télétravail par semaine selon les cas.

Le passage au télétravail durant les confinements de 2020 a généralement été réalisé dans les conditions les plus défavorables, limitant les éventuels effets positifs sur la productivité. Ce passage s'est fait le plus souvent assez subitement, sans concertation, sans matériels adaptés, sur tous les jours de la semaine, et sans que ni les travailleurs ni leurs managers n'aient été préparés et formés au préalable. Enfin, l'environnement a pu parfois ne pas favoriser le travail effectif comme la présence d'enfants lorsque les structures scolaires étaient fermées pour des raisons sanitaires. Ainsi, l'aspect inédit de cette expérience ne permet pas de caractériser de manière générale les effets potentiels du télétravail sur la productivité.

La littérature évoque différents canaux pour les effets positifs du télétravail sur la productivité[1]. Parmi les effets généralement mentionnés, nous retenons les trois suivants qui paraissent les plus importants.

Un premier canal passe par une plus grande motivation induite par la flexibilité et l'autonomie laissée au télétravailleur sur le choix du lieu de travail et de l'organisation entre vie professionnelle et vie personnelle. Ce mécanisme est conforté par une moindre fatigue liée à l'économie du temps de transport. Une partie de ce temps économisé est d'ailleurs parfois réallouée au travail, ce qui augmente la productivité apparente du télétravailleur (voir par exemple Arntz *et al.*, 2020[2]). La diminution du nombre des réunions moins essentielles et des distractions parfois intempestives est également mentionnée comme l'une des raisons majeures de la plus grande efficacité des télétravailleurs (après la réduction du temps de transport, voir par exemple Ozimek, 2020[3]).

Un deuxième canal est lié à la baisse du besoin de capital immobilier induit par le télétravail (voir Bergeaud et Ray,

---

1. On s'intéresse ici aux effets du télétravail en dehors du contexte de la crise sanitaire de la Covid-19. Il est clair par ailleurs que l'explosion du recours au télétravail durant les périodes de restrictions sanitaires a permis d'éviter deux écueils extrêmes : ou une contraction plus forte de l'activité (avec les mêmes restrictions sanitaires) ou une mortalité plus élevée (avec des restrictions sanitaires moins fortes). Voir à ce sujet le billet de l'Institut Sapiens (2021).
2. Melanie Arntz, Francesco Berlingieri et Sarra Ben Yahmed (2020) : « Working from Home and COVID-19: The Chances and Risks for Gender Gap », *Review of European Economic Policy*, vol. 55, n° 6, p. 381-386.
3. Adam Ozimek (2020) : *The Future of Remote Work*, Mimeo, 27 mai.

2020[1], pour une synthèse). Ce gain potentiel augmente avec l'économie de surface associée au développement du télétravail et avec la valeur du foncier. Pour un niveau donné de productivité du travail, il se traduit par un gain de productivité globale des facteurs. Mais cet effet ne peut se concrétiser que sur les moyen et long termes. Plus largement, notons d'ailleurs qu'une extension durable du télétravail pourrait avoir un impact à la baisse des prix sur les marchés immobiliers des centres-villes du fait à la fois de moindres besoins de surfaces de travail des entreprises et, pour certains des travailleurs qui n'ont plus (ou qui ont moins) à se déplacer pour se rendre au travail, de choix d'habitations plus éloignées car moins onéreux. Outre qu'elle réduirait les risques de bulles immobilières, cette baisse des prix sur les marchés immobiliers des centres-villes pourrait aussi avoir des effets favorables sur la croissance à moyen et long terme.

Enfin, un troisième canal souvent évoqué dans la littérature est l'accélération de la numérisation de l'économie et du recours aux technologies digitales favorisés par le télétravail (voir par exemple di Mauro et Syverson, 2020[2]). Il s'agit là d'une conséquence favorable de la crise de la Covid-19, qui se traduit par un bénéfice plus précoce des gains de productivité associés à la révolution digitale. Comme le précédent, cet effet favorable serait progressif et ne deviendrait significatif qu'à moyen et long terme.

1. Antonin Bergeaud et Simon Ray (2020) : « Macroéconomie du télétravail », *Bulletin de la Banque de France*, n° 231, article 2.
2. Filippo di Mauro et Chad Syverson (2020) : « The COVID Crisis and Productivity Growth », CEPR, VoxEU, 16 avril.

Les potentialités d'une extension du télétravail après la Covid-19

Le télétravail peut être associé à un meilleur bien-être des travailleurs et à des gains de productivité importants, cela sous diverses conditions. Un tel changement appelle en effet un matériel adapté, une préparation et une formation tant du personnel que du management. Il peut ne pas être total et concerner par exemple plusieurs jours de la semaine de travail dont une partie reste alors effectuée dans l'entreprise si cela est favorable à la performance globale. Les gains de productivité associés au télétravail ne se manifesteront que progressivement dans le futur, *via* un processus d'apprentissage (*learning by doing*). Certaines entreprises sauront mieux que d'autres en concrétiser les potentialités, ce qui leur donnera un avantage compétitif. Mais il apparaît déjà qu'une majorité de salariés et d'entreprises concernés par ce passage dans le contexte de la crise de la Covid-19 et des périodes de confinement souhaitent que ce changement soit pour tout ou partie pérenne[1].

Les transformations associées au développement du télétravail appelleront aussi d'autres changements dans le monde du travail. Nous avons précédemment analysé deux de ces

1. Concernant les salariés, voir par exemple l'enquête réalisée par Terra Nova sur le sujet du passage au télétravail dans le contexte du choc CV : Terra Nova (2020) : « La révolution du travail à distance ». Voir aussi les résultats d'enquêtes européennes, *cf.* Eurofound (2000), *op. cit.* Concernant les entreprises, voir les enquêtes réalisées en France par l'ANDRH qui indiquent que plus de 80 % des chefs d'entreprise souhaitent maintenir un fort recours au télétravail après la crise de la Covid, *cf.* ANDRH (2000) : « Le télétravail post-Covid, vu par les DRH », 19 juin. Cette appétence des salariés et des entreprises pour le télétravail est également montrée pour les États-Unis par diverses études, par exemple Ozimek (2000), *op. cit.*

changements. Tout d'abord, le télétravail massif nécessitera une adaptation fondamentale du droit de la durée du travail[1]. Ce dernier a en effet été construit dans le contexte de la société de l'usine et se révèle inadapté à une protection efficace du télétravailleur. La mutation indispensable de ce droit donnera une place centrale à la notion de charge de travail et au souci de l'adéquation de cette charge avec les capacités du travailleur pour l'assumer dans une durée compatible avec les limites réglementaires ou conventionnelles, y compris pour le télétravailleur avec l'autonomie que ce mode de travail permet. Ensuite, le développement du télétravail peut renforcer les inégalités au travail entre les télétravailleurs qui bénéficieront ainsi d'une grande autonomie dans la conciliation de leurs vies personnelle et professionnelle et ceux, dans des professions souvent plus manuelles, qui garderont des horaires prescrits[2]. Des contreparties à ces inégalités devront être trouvées, le dialogue social ayant ici un rôle incontournable à jouer, en particulier pour gérer l'impact sur la santé du travailleur.

Par l'accélération du recours au télétravail et plus globalement de la digitalisation qu'elle a provoquée, la crise de la Covid-19 pourrait aboutir à terme à une augmentation durable de la croissance potentielle *via* une accélération de la productivité. C'est là une différence fondamentale avec d'autres crises économiques antérieures, généralement accompagnées d'un ralentissement de la productivité tendancielle et en conséquence d'une baisse de la croissance potentielle. Cette

1. Sur cet aspect, voir Jacques Barthélémy et Gilbert Cette (2020a) : « Le coronavirus aura-t-il raison de la durée du travail ? », Institut de l'Entreprise, avril.
2. Sur cet aspect, voir Jacques Barthélémy et Gilbert Cette (2020b) : « Télétravail, vers une augmentation des inégalités ? », tribune, *Les Échos*, 22 avril.

amélioration des gains de productivité et de la croissance potentielle pourrait contribuer au financement des grands défis qui sont devant nous, et qui ont été rappelés dans l'introduction de cet ouvrage : la transition climatique, le vieillissement de la population, le désendettement public. À quoi il faut ajouter l'attente de gains de pouvoir d'achat dont le mouvement des Gilets jaunes de 2018-2019 a rappelé la profondeur.

Le développement structurel du télétravail participe de la révolution digitale dont les effets attendus sur la croissance peuvent être bénéfiques et importants. Il est encore trop tôt pour caractériser quel sera le *new normal* du recours au télétravail après la crise de la Covid-19. Ce *new normal* sera un recours nettement plus large à cette forme de travail qu'avant la pandémie, mais cependant plus réduit que durant le recours contraint et souvent peu performant des périodes de confinement. Il différera selon les activités et, au sein de chaque activité, selon les entreprises et les gains réciproques en termes de bien-être des salariés et de performances productives. La qualité du management sera déterminante dans la détermination de ces points d'équilibre. L'accompagnement de ce changement le sera également.

CHAPITRE 6

L'accompagnement du télétravail

Afin d'être réussi, et en particulier afin d'éviter une augmentation des inégalités et des litiges, le développement du télétravail appelle des changements de natures diverses[1].

Le télétravail, tant qu'il était marginal, ne nécessitait sans doute pas de modifications législatives, peu important les difficultés, d'ordre technique essentiellement, à surmonter, en particulier en raison de la confrontation avec la définition légale du temps de travail effectif. Le temps pendant lequel le « travailleur est à disposition de l'employeur sans pouvoir vaquer à des occupations personnelles » a pour effet que le travail à distance des lieux de l'entreprise, en particulier à domicile, crée des problèmes d'identification et facilite – favorise ? – des abus. Le caractère marginal du télétravail suscitait le réflexe que l'on a à l'égard du temps partiel (par exemple), à savoir la promotion d'un arsenal juridique protecteur spécifique en raison du sentiment d'une forme de travail moins favorable au travailleur que le droit commun. Toute l'histoire

1. Voir aussi Koudadje (2021), *op. cit.*

du droit de la durée du travail est au demeurant marquée par cela, depuis la loi du 21 juin 1936. À l'époque, la durée légale était impérative (l'autorisation de l'inspection du travail était requise pour pouvoir faire réaliser des heures supplémentaires) alors que l'ordonnance des trente-neuf heures (de 1982) en faisait potentiellement un simple seuil de déclenchement des heures dont la rémunération est majorée... ce qui n'a cessé, sous une forme ou une autre, de s'accroître depuis.

En raison des profondes modifications de l'organisation du travail, conséquence du confinement et plus largement de la Covid-19, le télétravail est devenu un mode très généralisé, contraint en raison d'exigences liées à la protection de la santé. Mais on va vite prendre conscience des avantages en termes de coût et protection, de flexibilité, mais aussi de libertés.

Le télétravail risque donc progressivement de devenir, sinon le droit commun, à tout le moins une forme très généralisée, suivant une évolution identique ou similaire à celle qu'a connue le forfait jours (par exemple). Dès lors, le seul aspect technique relatif à la durée du travail est dépassé car se posent deux séries de problèmes auxquels il faut absolument – fonction protectrice génétique du droit social oblige – apporter des solutions, notamment par le biais du tissu conventionnel eu égard aux évolutions récentes inspirées de la meilleure capacité à concilier protection du travailleur et efficacité économique de normes contractuelles conçues en fonction d'un contexte et/ou d'un objectif.

Mais cela rend indispensable de bien identifier ce qui relève de l'ordre public classique, des droits fondamentaux. Certes, concernant ce qui touche à la durée du travail, notamment en raison de sa liaison avec le droit à la santé, droit fondamental ; mais pas seulement car l'activité en dehors des lieux de l'entreprise pose autrement l'exercice du pouvoir de direction, donc le contrôle de l'activité mais aussi du pouvoir disciplinaire qui en est le corollaire indispensable. Et en outre doivent être résolues les difficultés susceptibles de naître, en particulier en cas de travail à domicile, entre vie professionnelle et vie personnelle.

L'intérêt nouveau des dirigeants d'entreprise pour le télétravail ne peut qu'amener le recours à celui-ci sur le terrain de la capacité (ou non) de l'employeur de l'obliger, et si oui, dans quelles conditions pour respecter les droits fondamentaux. Et il faut bien se poser la question de sa qualification éventuelle d'élément (substantiel) de contrat de travail nécessitant l'accord des deux parties, voire peut-être de l'exigence d'un contrat écrit. Cela d'autant que ce ne sont pas toutes les fonctions qui se prêtent au télétravail.

Et c'est plus fondamentalement de sociologie du travail que va se nourrir le télétravail. Les commentateurs, économistes et juristes, sont globalement favorables au développement du télétravail comme instrument d'épanouissement de la personne, mais aussi de développement de l'économie, donc de l'emploi. On constate cependant que certains sont très critiques à la fois sur les avantages à en attendre et sur les atteintes aux libertés.

Télétravail et conditions de travail

Certes, c'est sans aucun doute le droit de la durée du travail qui est le plus susceptible d'être affecté par le télétravail, au demeurant dans ses aspects tant qualitatifs (répartition et aménagement des temps de travail) que quantitatifs (volume et variation du nombre d'heures). Au point d'ailleurs que des voix se sont élevées, y compris au ministère du Travail, pour évoquer l'efficacité de la référence au droit des forfaits jours afin d'optimiser les solutions. Pour autant, ce sont toutes les conditions de travail – et même de vie personnelle – qui sont potentiellement affectées. Remarque importante à l'intention du lecteur : il ne s'agit pas ici de faire un cours de droit qui nécessiterait des développements plus spécifiques mais simplement – en harmonie avec la finalité de l'ouvrage – de mettre en exergue, en s'appuyant sur l'approche organisationnelle du droit social, les orientations générales des évolutions indispensables.

Télétravail et durée du travail

Comme le fait nettement le droit positif depuis la récente codification du Code du travail, non seulement doivent être distingués, s'agissant des effets du télétravail, l'impact sur les aspects quantitatifs et les aspects qualitatifs de ce droit, mais encore il faut souligner les interactivités des deux. Pour bien appréhender la portée de cette affirmation, un exemple. La répartition inégale d'un horaire sur une période plus longue que la semaine peut appréhender le nombre d'heures de travail effectif sur une période donnée, mais encore se concrétise par des modules différents d'une semaine à l'autre ainsi que selon les groupes de salariés.

Le télétravail induit, par nature, une (plus) grande autonomie du travailleur, ne serait-ce qu'en raison de sa non-présence sur le lieu de l'entreprise, donc sous le contrôle direct du dirigeant. Cela a en soi pour premier effet à savoir une difficulté à évaluer quantitativement le nombre d'heures de travail effectif. C'est du reste à cause de cela que l'idée de recourir à la technique des forfaits jours a du sens. Cela est d'autant plus évident que le travailleur dispose d'une certaine latitude pour fixer le moment du travail ; tant du reste en raison de son degré d'autonomie au plan des conditions de travail que par l'absence de pouvoir de contrôle effectif par l'employeur. On peut en effet aisément exiger l'ouverture de l'ordinateur (et sa fermeture) à des heures impératives. Pour autant, l'un des mérites du télétravail vient de la créativité, de l'inventivité, laquelle suppose, pour être optimisée, une relative autonomie dans la détermination du moment du travail. Relative car sont à respecter des butoirs, conséquence de droits fondamentaux, en particulier celui à la santé, celui au respect de la vie personnelle. À titre d'exemple particulièrement topique : durée maximale hebdomadaire mais aussi par séance de travail, repos minimal journalier... congés annuels. On notera à cet égard que, malgré le degré élevé d'autonomie permettant le recours au forfait jours, la Cour de cassation n'en a pas moins – judiciairement – instauré un possible contrôle par l'employeur, d'autant que la responsabilité civile mais aussi pénale de celui-ci est susceptible d'être mise en cause.

La période de la Covid-19 et les modes d'organisation du travail qu'elle a engendrés peuvent laisser croire que le recours ou pas au télétravail est une prérogative du dirigeant dans le cadre de son pouvoir de direction. Il ne faudrait pas oublier que c'est au nom de la protection de la santé – droit fondamental – que les établissements se sont fermés. Ce contexte rendait de fait plus aisé d'imposer le travail à domicile. Il serait imprudent d'aller trop loin dans ce développement, deux arguments conjugués pouvant justifier que le recours au télétravail soit arrêté d'un commun accord entre l'employeur et le salarié :

- Le premier est la nature des tâches correspondant à la fonction, donc à la qualification. Elles ne permettent pas toutes la « décentralisation » de fait, mais aussi de droit si on prend en considération l'impact des fonctions sur la qualification.
- Le second est l'impact indirect sur la vie personnelle, ne serait-ce qu'en raison de l'occupation, pour activité professionnelle, de locaux à usage domestique. Au minimum, cela implique une règle de conduite dans l'espace domestique. Si on peut sous condition l'admettre pour le travailleur lui-même, on peut postuler qu'il s'agit potentiellement d'atteinte aux libertés des autres membres de la famille. À tout le moins cela rend souhaitable (inévitable) un *modus vivendi* inspiré du principe de proportionnalité entre les éléments de la vie professionnelle et de la vie personnelle. Cela d'autant que n'est pas à exclure la mise en cause de la responsabilité de l'employeur au titre d'un accident du travail dont il n'est pas inutile de rappeler que son obligation en ce domaine est potentiellement de résultats.

Au vu de ce qui précède, on en vient tout naturellement à évoquer le rôle éminent que doit jouer l'accord collectif de la branche, mais aussi d'entreprise… nécessairement toutefois avec des ambitions limitées eu égard au titillement des droits de l'homme, du travailleur au cas précis.

Autres conditions de travail

Les (des) autres conditions de travail sont par principe spécifiques aux télétravailleurs. Il est sans doute intéressant de distinguer :

– L'impact du télétravail sur les conditions ordinaires de travail. Il faut répéter que la nature des tâches compatibles avec le télétravail a pour effet que le salarié dispose, par principe, d'un certain degré d'autonomie sans pour autant en faire une espèce de travailleur indépendant dont la responsabilité (civile) ne porte que sur l'objet fini. Outre que, on l'a vu ci-dessus, cela induit une certaine flexibilité en ce qui concerne le moment du travail.

Les circonstances de fait susceptibles de constituer une faute au plan disciplinaire ne sont pas de même nature. Par exemple, le télétravail n'implique pas l'impossibilité de sortir du domicile pendant les « moments » théoriques de travail. Mais cette autonomie induit une plus grande responsabilité ainsi que – c'est important à souligner parce que jamais mis en exergue – une exigence plus grande de loyauté dans l'exécution du contrat de travail. Cela devrait du reste conduire à l'exigence (pour qui ?) d'une période préalable de formation à ces conditions spécifiques de travail ; l'obligation de faire et de se comporter ne peut, raisonnablement, entraîner la mise en cause de la responsabilité (au plan disciplinaire tout spécialement) que si le travailleur a une maîtrise suffisante de ces conditions atypiques de travail. La confiance réciproque est à ce prix.

– Le second volet de préoccupations en matière de conditions de travail (et de rémunération au demeurant), c'est la suppression – ou plutôt la limitation – des temps de déplacement. D'un côté, le temps passé entre le domicile et l'entreprise risque, parce que devenant événementiel, d'être plutôt qualifiable de temps de déplacement professionnel (éventuellement, de ce fait et eu égard aux dispositions conventionnelles en vigueur, remboursables par l'entreprise) ; d'un autre côté, *quid* des locaux domestiques, utilisés professionnellement, surtout si, au vu d'exigences liées à la fonction, des conditions restrictives d'utilisation à d'autres fins que professionnelles sont instaurées ? Le régime du travail à domicile peut inspirer mais il ne s'applique pas de droit. Autre élément à traiter d'autant que cela semble poser problème : *quid* de la prime ou du ticket-restaurant ? S'effacent-ils automatiquement si on prend en considération qu'à la maison, le travailleur mange ? Les Urssaf admettent le maintien de la neutralité sociale si la prime est maintenue par l'employeur.

Une exigence de normes particulières : par quelles sources ?

Le « statut » du télétravailleur conçu dans une entreprise en fonction de ses caractères identitaires et des objectifs exige inévitablement des normes collectives, simplement adaptables pour tel ou tel.

Ces normes collectives gagnent à être fixées par accord collectif : de branche dans le cadre d'une annexe spécifique au télétravail mais auquel l'accord d'entreprise doit pouvoir déroger par application du principe de supplétivité ; cela rend nécessaire qu'on cerne précisément ce avec quoi l'entreprise ne peut pas prendre de distance avec l'arsenal conçu au niveau de la branche… c'est-à-dire déclinant ce qu'on peut appeler l'« ordre public professionnel ».

Le dispositif conventionnel doit s'intéresser à toutes les conditions de travail et pas seulement à la durée du travail, même si c'est ici que les problèmes sont les plus spécifiques. Il doit aussi s'intéresser à la formation du télétravailleur ainsi qu'à la procédure permettant de cristalliser l'accord des deux parties, car est sans doute inconcevable l'impossibilité de refus du travailleur à une demande de l'employeur dès lors que sont susceptibles d'être affectés des éléments substantiels du contrat de travail.

C'est sans doute là que se trouve la difficulté majeure, à savoir l'impact sur le contrat de travail lui-même. Au nom du principe d'égalité, tout travailleur doit avoir la possibilité d'accéder, s'il le souhaite, au télétravail. Cela implique une stratégie sophistiquée d'information émanant de l'entreprise mais aussi la possibilité de suivre un cursus de formation permettant d'acquérir les compétences et les comportements indispensables. Par contre – et parce que sont potentiellement affectés des éléments essentiels du contrat individuel – on ne saurait, nous semble-t-il, imposer le télétravail, ce à quoi reviendrait la rupture du contrat en cas de refus, y compris dans le cadre d'une procédure collective fondée sur la généralisation du télétravail. À tout le moins, cela exige la mise en place d'un arsenal destiné à favoriser la mobilité, tant externe qu'interne au demeurant, d'autant que la mobilité risque d'être identifiée comme relevant de l'ordre public.

La mise en place d'une stratégie de télétravail ne peut qu'inciter à ce que cet accord s'intéresse aussi aux aspects psychosociaux. Le principal reproche qu'on fait à de telles conditions de travail, c'est celui de créer potentiellement des désordres d'ordre psychologique dès lors que le travailleur rompt avec son terrain naturel, c'est-à-dire les locaux de l'entreprise, ce qui peut déboucher sur des problèmes psychologiques ayant un impact sur le droit des accidents du travail. Ne serait-ce qu'à cause de cela, l'aspect médicosocial et/ou psychoaffectif doit être abordé dans l'accord, sous peine de mise en cause de la responsabilité civile de l'employeur dans le cadre de son obligation de sécurité. L'accord collectif peut jouer, par ses normes et les stratégies, un rôle préventif non négligeable, spécialement par la mise en place d'une commission de suivi au sein du CSE.

On ne peut clore cette réflexion sans relancer la critique sur les orientations de la chambre sociale de la Cour de cassation sous la houlette du doyen Waquet, distinguant et opposant contrat de travail et conditions de travail : on voit avec l'exemple du télétravail l'intérêt d'en revenir à la source en opposant éléments substantiels et éléments relatifs du contrat. En tout cas, dans l'accord organisant le télétravail, il serait bien d'imposer le recours au contrat individuel écrit assorti de quelques clauses obligatoires permettant de décliner les éléments essentiels, c'est-à-dire ceux qui ne peuvent être modifiés que par accord des deux parties. De ce fait est posé un postulat que l'employeur ne peut pas imposer unilatéralement le télétravail, même après consultation du CSE. Le libre choix dans un arsenal sophistiqué – sur le fondement des développements ci-dessus – est sans aucun doute la solution la plus efficace, non seulement sur le terrain de la régularité juridique, donc dans la perspective de réduire les contentieux, mais aussi parce qu'alors, le télétravail apparaîtra comme un moyen d'épanouissement de la personne, avec des effets positifs au plan économique.

Télétravail et inégalités

Le développement du télétravail peut aussi soulever un problème sérieux : celui des inégalités. En effet, cette forme plus flexible du travail concerne, certes pas uniquement mais surtout, les catégories professionnelles les plus élevées. Ces différences étaient déjà bien illustrées dans le recours au forfait jours. Le forfait jours concerne plus particulièrement les cadres et, parmi les non-cadres, ceux qui exercent des fonctions d'encadrement ainsi que des fonctions technico-commerciales. Les travailleurs concernés sont de ce fait en moyenne relativement plus diplômés que les autres. On retrouve ces mêmes caractéristiques concernant le télétravail.

On ne peut se satisfaire pleinement de transformations, au motif qu'elles élèvent le progrès social, si par ailleurs elles renforcent des inégalités au bénéfice des catégories les plus diplômées et les mieux rémunérées. Trois réponses semblent pouvoir être apportées à cette difficulté.

Une première réponse est que de nombreuses fonctions support qui ne comptent pas parmi les plus qualifiées peuvent aussi être éligibles à ces transformations du travail. On peut mentionner pour exemple les tâches de secrétariat, administratif ou de direction, qui sont souvent réalisables à distance. Dans son dénombrement des activités éligibles au télétravail, dans le contexte de la crise de la Covid-19, la Dares (2020, *op. cit.*) a inclus ce type de salariés. Elle apparaît aussi dans l'évaluation proposée dans d'autres analyses, comme pour les États-Unis par Dingel et Neiman (2020, *op. cit.*). Mais cette réponse n'est évidemment que très partielle, car si l'augmentation du nombre des salariés concernés atténue l'inégalité initiale, celle-ci demeure cependant forte.

La deuxième réponse est celle de la mobilité professionnelle et sociale. Les moyens d'une telle mobilité sont surtout ceux émanant de la formation professionnelle. Les travailleurs aspirant à changer de profession doivent pouvoir exprimer cette ambition avec une réelle autonomie de décision. Tel est bien l'un des objectifs de la réforme de la formation professionnelle et de l'apprentissage portés par la loi du 5 septembre 2018 dont la mise en œuvre progressive est en cours. Un bilan des stratégies construites en la matière devra être tiré dans quelques années afin d'élaborer un arsenal réglementaire ou conventionnel.

Une dernière réponse peut prendre la forme de contreparties financières, *via* des primes spécifiques, mais aussi de durées du travail plus courtes. Cette dernière forme de contreparties paraît assez logique : les nouvelles formes de travail (forfait jours, télétravail…) permettent à ceux qui les pratiquent, par l'autonomie organisationnelle qu'elle ouvre, une meilleure conciliation entre vies personnelle et professionnelle. Des temps de travail allégés permettent de même une meilleure conciliation entre ces différents temps de vie aux travailleurs dont les horaires et l'organisation du travail demeureront fortement contraints et prescrits. Ces contreparties mériteraient d'être définies par accord d'entreprise, qui devrait simultanément s'intéresser aux modalités définissant les formes et degrés de l'expression de l'autonomie des autres travailleurs.

Cette question de l'inégalité associée au développement du télétravail ne doit pas être ignorée. Elle devrait même être centrale dans les accords de télétravail négociés. C'est une des dimensions que les partenaires sociaux doivent explicitement intégrer aux négociations sur le sujet, au risque sinon de fortes insatisfactions et de tensions sociales néfastes à l'efficacité économique.

CONCLUSION

Où en sommes-nous aujourd'hui ?

Le droit du travail et les pratiques de gestion des ressources humaines restent encore très ancrés sur des modes d'organisation de travail hiérarchiques en vigueur dans la civilisation de l'usine. Cela d'autant que les comportements en sont affectés. La civilisation du savoir qui naît peu à peu des transformations technologiques et de l'émergence de l'économie numérique donnera tôt ou tard naissance à un droit de l'activité professionnelle transcendant le droit positif actuel. Cela signifie un droit faisant plus de place à la convention et à l'accord collectif dont les normes, adaptées à chaque contexte, concilient mieux efficacité économique et protection du travailleur, ceci au service de l'amélioration de l'emploi, aux plans tant qualitatif que quantitatif. Si une telle évolution ne se faisait pas, deux risques extrêmes pourraient se produire. D'un côté, celui d'une baisse du rôle protecteur du droit du travail qui deviendrait inadapté aux nouvelles conditions de production et de vie. De l'autre, au contraire, celui de brider le plein bénéfice économique de la révolution technologique en cours, et de connaître alors un déclassement vis-à-vis des pays qui auront su s'adapter, avec des risques d'instabilités économiques, sociales et donc aussi politiques. La réalité serait sans doute entre ces deux extrêmes, mais dans tous les cas elle ne concilierait pas au mieux efficacité économique et protection du travailleur.

L'émergence d'un droit de l'activité professionnelle nécessite d'optimiser la qualité du dialogue social à chaque niveau de négociation, ce qui suppose équilibre des pouvoirs, comportement loyal et exécution de bonne foi, mais aussi prise en compte de ce que le droit à la négociation est un instrument au service de l'intérêt général. Cette innovation profonde exige la mutation de représentations, donc de comportements pour la réalisation desquelles un effort important d'information et de formation s'impose.

Sur cette problématique, Guy Ryder, directeur général de l'OIT, évoquait, dans une interview au *Figaro* en février 2021[1], que des constructions juridiques adaptées devront être imaginées, laissant entendre toutefois que, selon lui, la solution ne pourrait venir de l'adaptation des règles du droit du travail. C'est très précisément ce que nous affirmons dans cet ouvrage en mettant en exergue que le droit du travail conçu pour la civilisation de l'usine et décliné à partir des modes hiérarchiques d'organisation du travail sera inévitablement dépassé par l'émergence d'un droit de l'activité professionnelle, fruit de la civilisation du savoir.

Le droit de l'activité professionnelle sera applicable à tous les travailleurs, la fonction protectrice génétique du droit du travail se déclinant alors de manière différenciée en fonction du degré d'autonomie, donc de responsabilité (civile) et de

1. Guy Ryder (2021) : « Le plus inquiétant dans cette crise est la hausse de l'inactivité », interview au *Figaro*, 19 février.

la capacité plus ou moins grande du contrat à faire seul la loi des parties. Dans cette conception du droit social, ne peut qu'être assurée l'unification des droits de la sécurité sociale (de la protection sociale) et du travail.

Cette évolution est inéluctable même si des obstacles de deux ordres vont ralentir sa réalisation. Il y a d'abord le travail des « juristes travaillistes » plutôt tentés – par réflexe pavlovien – d'utiliser le droit (légal) du travail pour en quelque sorte en adapter les règles à des situations de fait nouvelles, conséquence des nouvelles technologies, du numérique, de l'intelligence artificielle. Cela ne peut au demeurant que déboucher sur un risque sérieux de dérive technocratique dans la mesure où tout repose sur la vision de la norme pour elle-même et pas pour ce pour quoi elle existe. Mais il y a aussi (surtout ?) des comportements, une culture « ouvriériste » qu'il faut dépasser en invoquant les mérites des évolutions technologiques sur le plan de l'épanouissement des droits fondamentaux de l'homme, spécialement les libertés, la dignité, la santé, le droit à la mobilité dans le monde du travail. La grave crise que connaît le monde avec la Covid-19 ne peut qu'être le catalyseur d'une évolution radicale des pensées. Voilà pourquoi il faut simultanément solliciter juristes, économistes et sociologues mais aussi politologues.

Le directeur général de l'OIT a raison lorsqu'il affirme que « le plus inquiétant dans cette crise est la hausse de l'inactivité ». Il faut d'autant plus s'en inquiéter que le droit au travail est un droit fondamental directement mais aussi par ses conséquences sur la vie personnelle. Il est donc essentiel de s'intéresser à l'ordre public social – inspiré des droits fondamentaux de l'homme – pour définir le socle du droit, émanant de la loi ; cela d'autant que droits au dialogue social et à la négociation collective sont des droits fondamentaux. Mais alors, pour les catégories de travailleurs autres que ceux entrant naturellement dans le champ du « Code du travail », il faut s'intéresser à la création d'un « droit du contrat collectif » car est impossible la généralisation à tous les travailleurs, y compris aux indépendants, du droit des conventions collectives tel que prévu par le Code du travail.

Dans les différentes parties de ce livre, nous avons montré comment le droit social pouvait être un droit vivant s'adaptant continûment aux transformations technologiques pour concilier à la fois protection du travailleur et efficacité économique. Ces deux objectifs ne sont pas antagoniques, mais au contraire complémentaires, notamment (mais pas seulement) au service de l'emploi, dans ses aspects tant qualitatifs que quantitatifs. Et seule la négociation collective de branche et surtout d'entreprise est à même d'élaborer les normes correspondantes, au plus près de la réalité économique et des attentes, dans les limites bien sûr incontournables des principes.

Ce n'est pas aux nouvelles formes de travail qui naissent dans la société actuelle du numérique de s'adapter à un droit du travail conçu dans une société antérieure. Le droit du travail doit être vivant et c'est à lui de s'adapter pour que sa fonction protectrice concerne bien l'ensemble des travailleurs. Ignorer ce besoin d'adaptation dans le contexte actuel de la troisième révolution technologique serait s'exposer à de grandes difficultés économiques et sociales.

Table

PARTIE 1

Rénover la participation pour renforcer la qualité des relations sociales

PARTIE 2

Poursuivre le renforcement du rôle du dialogue social

PARTIE 3

Construire un droit de l'activité professionnelle

PARTIE 4

Le défi du télétravail

DES MÊMES AUTEURS
CHEZ ODILE JACOB

Travailler au XXIe *siècle. L'ubérisation de l'économie ?*, 2017.

Réformer le droit du travail, 2015.

OUVRAGE DE GILBERT CETTE
CHEZ ODILE JACOB

Le Bel Avenir de la croissance Leçons du XXe *siècle pour le futur* (avec A. Bergeaud et R. Lecat), 2018, Prix Turgot de la pédagogie économique 2019.

Changer de modèle (avec P. Aghion et É. Cohen), 2014.

Cet ouvrage a été composé
en Electra et en Whitney
par Nord Compo
à Villeneuve-d'Ascq (Nord).

Achevé d'imprimer en octobre 2021
sur les presses de la Nouvelle Imprimerie Laballery
58500 Clamecy

La Nouvelle Imprimerie Laballery est titulaire de la marque Imprim'Vert®

N° d'édition : 4150-0036-X – N° d'impression : 109536
Dépôt légal : octobre 2021

Imprimé en France